鑪峰古今

珠海學院香港歷史文化研究中心 出版

香港歷史文化論集 2019

蕭國健 游子安 主編

鑪峰古今
香港歷史文化論集2019

主編
蕭國健　游子安

出版
珠海學院香港歷史文化研究中心

責任編輯
危丁明

製作
書作坊出版社
香港沙田美田路33號康松閣1405室

版次
2020年12月初版

ISBN 978-988-12530-8-8
Printed in Hong Kong

◎目錄

學人研究

考察隨筆及田野記錄

序 言

　　本中心之成立，目的除於校內為學梓介紹香港及華南歷史外，更向社會人士推廣香港及華南之歷史與文化，多年來獲多位學界友人之助，與香港歷史博物館、保良局、及屯門長者學苑合辦香港及華南歷史文化專題講座及野外考察，出席者均逾百人，近雖因社會及疫症問題，幸獲各界支持，仍未有間斷。

　　本會自2010年起，每年出版《鑪峰古今》專刊，介紹香港及華南地區之歷史與文化，以推廣香港及華南之歷史與文化之研究，至今已出版七期。現再獲部份專題講者，將講題內容整理成文，及海內外友好學者惠贈鴻文，輯錄成專刊，與更多人士分享。今書成，顏曰《鑪峰古今——香港歷史文化論集2019》。

　　本書蒙各講者及友好學者惠賜鴻文，及各界好友之幫助，始得完成，特此致謝。

蕭國健教授
珠海學院 香港歷史文化研究中心主任
2020年仲冬

A Major Episode in the History of Hong Kong as reflected in Couplets

Professor Tang Chiu Kay

Vice President (Academic), Chu Hai College of Higher Education

Abstract

Antithetical Chinese couplets on structures in Hong Kong provide valuable information on the history, culture, and customs of its inhabitants. Two such couplets which reflect a major episode in the history of Hong Kong in the early Qing Dynasty are found in the Lords Zhou and Wang Study Hall in Kam Tin, an area in the New Territories of Hong Kong. The Study Hall was built by the Deng clansmen in commemoration of Lord Zhou and Lord Wang. In these couplets, the Deng clansmen of Kam Tin extend their gratitude to Lords Zhou and Wang, who successfully petitioned Emperor Kangxi to rescind the edicts of coastal evacuation, thus saving thousands of lives.

Key Words

Couplets, Lords Zhou and Wang Study Hall, Great Clearance, Emperor Kangxi, Hong Kong.

Journal of the Royal Asiatic Society Hong Kong Branch
© RASHKB and author

Vol. 14 (1974)
ISSN 1991-7295

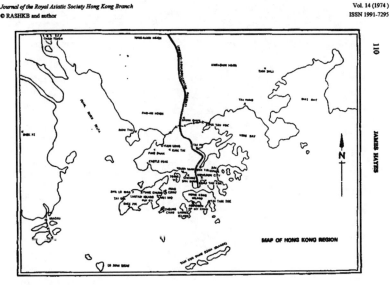

Map of Hong Kong

Lords Zhou and Wang Study Hall (周王二公書院or Chou Wong Yi Kung Study Hall) is located in the south-east of Shui Tau Tsuen (水頭村), a village in Kam Tin (錦田). Kam Tin is an area in the New Territories of Hong Kong founded by the Deng (鄧) clan, one of the five big clans of Hong Kong. On either side of the doorway of the Study Hall are two vertical wooden planks painted in red. Chinese characters painted in gold are carved on the planks. They constitute a pair of antithetical Chinese couplet:

粵海被鴻猷，萃一姓以報功，虔恭罔懈；
錦田歌樂土，際中天而獻壽，歷久彌芳。

On the lintel is a piece of horizontal plank with the Chinese characters 恭祝千秋 carved on it. These four characters recapitulate the content of the two vertical lines.

In the main hall of the Study Hall is a shrine for worshipping Lords Zhou and Wang. Another pair of couplet is inscribed on the

Doorway of Lords Zhou and Wang Study Hall (周王二公書院)

two sides of the memorial tablet:

> 惠此嚴疆，恩流兩粵；
> 復我邦族，德戴二天。

On the lintel is a piece of horizontal plank with the Chinese characters 與民休戚 carved on it.

These two couplets were composed in memory of Lords Zhou and Wang, two local officials of the Qing Dynasty who had done the residents of the region a great favour. Lord Zhou was Zhou Youde (周有德 [?-1680]), the Viceroy of Guangdong and Guangxi Provinces (兩廣總督) since 1667. Lord Wang was Wang Lairen (王來任 [?-1668]), the Governor of Guangdong Province (廣東巡撫) since 1665. In order to fully understand the meaning of these two couplets, we have to examine the history of Hong Kong in the Qing Dynasty during the last year of the reign of Emperor

Shrine for worshipping Lords Zhou and Wang (Reproduced from https://www.seewide.com › 文化-周王二公書院-元朗-783)

Shunzhi (順治帝，清世祖愛新覺羅 · 福臨，reigned from 1643 to 1661) and the early years of the reign of Emperor Kangxi's (康熙帝，清聖祖愛新覺羅 · 玄燁，reigned from 1661 to 1722).

The Manchus (滿族人) founded the Qing Dynasty in China in 1644 after their army defeated the rebels led by Li Zicheng (李自成), who had seized the capital of the Ming Dynasty in the same year. Anti-Qing sentiments appeared ever since the Qing Dynasty was established and anti-Qing activities led by Ming loyalists emerged. One of these activities, located in the southern part of China, was led by a military leader named Zheng Chenggong (鄭成功), better known internationally by his honorific Koxinga (國姓爺), which means "lord of the imperial surname". After several successful military campaigns against the Qing army, Zheng was defeated and was obliged to withdraw his troops to the south-eastern coastal areas. In order to build a stronger military base against the Qing army in the long run, he decided to capture Formosa (Taiwan), an island lying about 180 km off the coast of south-eastern China, which was then under the control of the Dutch. After a nine-month fight against Zheng's troops, the Dutch Governor of Formosa, Frederick Coyett, surrendered Fort Zeelandia (熱蘭遮城) to Zheng in 1662, ending 38 years of Dutch rule of the island. Zheng then established the pro-Ming Kingdom of Tungning (東寧王國) in the south of Formosa.

Zheng's anti-Qing activities were supported by the inhabitants of the south-eastern coastal areas of China. As recorded in Xia Lin's Sea Chronicles (夏琳[清]:《海紀輯要》), Zheng enforced strict discipline on his troops. As a result, his troops were praised by the people:

> 賜姓自興名以來，軍律嚴明，禁止淫掠；犯者立斬。破城之日，諸軍雖爭取財物，遇婦人在室，則卻退不敢入，遠近稱為三代之師。[1]

Paraphrased into English, this passage reads as follows:

> *Ever since Koxinga got his imperial surname, he enforced strict discipline on his troops. Rape and plunder were prohibited. Those violating these laws were punished with death. When a city was captured, although the soldiers were allowed to take the belongings of the households, they dared not enter a house if a woman stayed inside. People from far and near praised these troops as the army of the Three Ancient Dynasties.*

1　夏琳：《海紀輯要》（《臺灣文獻史料叢書·第六輯》，臺北：臺灣大通書局，民國76年[1987]），頁14。

These coastal inhabitants supplied Zheng's troops with food and other necessities of life and engaged in trade with them. To deprive Zheng's forces of this kind of aid and support, an edict of coastal evacuation known as the Great Clearance was promulgated by the Qing government. The edict was first issued by Emperor Shunzhi in 1661:

諭戶部：前因江南、浙江、福建、廣東瀕海地方逼近賊巢，海逆不時侵犯，以致生民不獲寧宇，故盡令遷移內地，實為保全民生。今若不速給田地居屋，小民何以資生。著該督撫詳察酌給，務須親身料理，安插得所，使小民盡沾實惠，不得但委屬員草率了事，爾部即遵諭速行。[2]

Translated into English, the edict reads as follows:

An order to the Ministry of Revenue: The coastal lands of Jiangnan, Zhejiang, Fujian, and Guangdong are located near the dens of the bandits. The bandits frequently invaded these regions, wreaking havoc on the life of the inhabitants. For the sake of preserving their livelihood, the imperial court ordered the inhabitants to migrate inland. If farmlands and houses are not given to these migrants immediately, how can they survive? The viceroys and governors are instructed to examine the situation in detail and distribute farmlands and houses according to the needs of the migrants so that they can fully benefit from the arrangements. These top local officials should take care of this matter themselves and not perfunctorily delegate the responsibilities to their

---

2　《清實錄·聖祖仁皇帝實錄（一）》，第四冊（北京：中華書局，1985年），頁84。

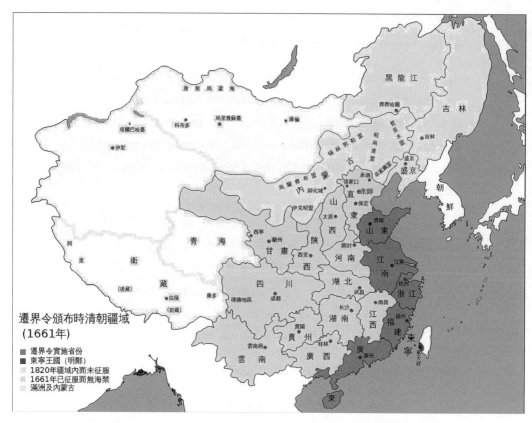

File: Map of China during Seaban of China (1661).svg [遷海令頒佈時
的清朝大致疆域] （Reproduced from: https://zh.wikipedia.org/wiki/
File:Map_of_China_during_Seaban_of_China_(1661).svg） [4]

subordinates. Your Ministry should carry out the edict
immediately.

The edict compelled residents in the coastal areas of
Jiangnan, Zhejiang, Fujian, and Guangdong to evacuate the coast
to a distance of 20 to 50 *li* inland.[3] They were forced to settle down
in the hinterland. Emperor Kangxi also issued similar edicts after
he succeeded Emperor Shunzhi. This policy was adopted with the

---

3   The *li* is a unit of length of linear measure in the Qing Dynasty
    equivalent to 0.31 miles. See Peter Y.L. Ng, *New Peace County: A*
    Chinese Gazetteer of the Hong Kong Region, HKU Press, Hong Kong,
    1983, p.152.

4   Source of picture: China 1820 zh-hant.svg. Author: Unravel17.

intention of stifling aid and supplies going to the rebels led by Zheng Chenggong and putting an end to his campaign against the Qing Dynasty.

The natives of the coastal regions were uprooted from their birthplaces and compelled to settle in foreign places inland where it was difficult for them to secure a livelihood. The sufferings of the people affected by the Great Clearance were vividly depicted by Qu Dajun's (屈大均, 1630-1696), a famous scholar and poet of the late Ming and early Qing Dynasties. Being a native of Quangdong Province, he witnessed the hardship and sufferings of his fellow countrymen brought about by the Great Clearance. In his New Comments on Guangdong (《廣東新語》), he wrote :

先是，人民被遷者以為不久即歸，尚不忍捨離骨肉。至是飄零日久，養生無計，於是父子夫妻相棄，痛哭分攜，斗粟一兒，百錢一女。豪民大賈，致有不損錙銖，不煩粒米，而得人全室以歸者。其丁壯者去為兵，老弱者展轉溝壑；或合家飲毒，或盡帑投河。有司視如螻蟻，無安插之恩；親戚視如泥沙，無周全之誼。於是八郡之民，死者又以數十萬計。民既盡遷，於是毀屋廬以作長城，掘墳塋而為深塹，五里一墩，十里一臺。[5]

In English, the above passage reads as follows:

At first the evacuees thought they would soon be able to return and could not bear to part from their own flesh and blood; but as time went by and they continued to drift around, they could not support themselves. Fathers abandoned their sons and husbands their

5   屈大均：《廣東新語》（北京：中華書局，1985年），頁57-58。

*wives, agonizing separations. Sons were sold for a peck of rice, daughters for a hundred coins. The rich people could even become masters of the members of a whole family without paying anything. The young men went off to become soldiers, the aged and weak slept in ditches. Some families took poison en masse, others jumped in the river when their funds were exhausted. The authorities treated the people as no more than ants and made no provision for relief; relatives treated each other as mere dirt and did not observe the niceties of dutiful behaviour. It is reckoned that several hundred thousand people from the eight counties affected died. Since the people had all been evacuated, their houses were demolished to provide materials for building fortifications, and their graves were dug up to make deep moats. Every five **li** there was a beacon, and every ten li a watch-tower.*[6]

The edicts of coastal evacuation caused the death of several hundred thousand people. The Great Clearance was indeed the most disastrous event that happened to the residents in the history of eastern Guangdong, which included Hong Kong.

In 1665, four years after the first edict of coastal evacuation was implemented, Wang Lairen, the Governor of Guangdong, who perceived and understood the torment inflicted on the residents by the evacuation, submitted a memorial to the throne depicting the desperate plight and grievances of the affected people. He earnestly begged Emperor Kangxi to rescind the evacuation edicts. However, the Emperor did not respond to his plea. In

---

6   Translation based on Peter Y.L. Ng, *New Peace County: A Chinese Gazetteer of the Hong Kong Region*, p.27.

1668, Wang Lairen was seriously ill and was dismissed from his post of Governor, but he managed to submit another memorial to the throne named *Memorial: reopen the closed area and let the people return* (〈展界復鄉疏〉) before his death. In this memorial, he argued that it was a matter of urgency that the closed area of Guangdong should be opened up because after the two evacuations from the coastal region, there were tens of thousands of evacuees, resulting in an annual loss of revenue from land and poll-taxes of more than 300,000 taels. The evacuees had nowhere to settle and many of them died. Wang begged the Emperor to lift the ban on residence in the evacuated territory and encourage the people to return home to take up farming and salt production, and the people should be allowed to fish where they chose. The troops should be withdrawn from inland areas and redeployed along the coast as a defence against attack from the sea. [7]This time the posthumous memorial to the throne was seriously studied by Emperor Kangxi. After reading the document, he ordered Zhou Youde, the Viceroy of Guangdong and Guangxi Provinces, to consider the possibility of extending the coastal boundary. Zhou later submitted a memorial to the throne begging the Emperor to rescind the evacuation edicts and extend the coastal boundary. The threat from the army of Zheng Chenggong diminished during this time, therefore Emperor Kangxi agreed to the petition and rescinded the edicts in 1669, eight years after the first edict was issued, and extended the coastal boundary, allowing the migrants to return to their original homes. This indeed was a great relief to the people. To show their gratitude to Zhou Youde and Wang Lairen, residents of the coastal areas of the Guangdong Province erected shrines to commemorate them. According to the annals of

---

7   Ibid., p.120.

the Province, three such shrines were built.

Hong Kong at the time of the Great Clearance belonged to the Xin An county (新安縣), a region in the Guangdong Province. The Great Clearance severely affected the county. Two-thirds of the county had to be abandoned, including what is now the whole of the Hong Kong region. All the lands south of a line stretching from San Tin (新田) in the north-western part of the New Territories to Sha Tau Kok (沙頭角) in the north-eastern part of the New Territories were evacuated.[8] This meant that the people residing in the whole of Hong Kong had to abandon their homes and move inland, resulting in a deprivation of their means of livelihood. The native people of Hong Kong were overjoyed when the evacuation edicts were lifted in 1669. Among these people were the Deng clansmen of Kam Tin, a village in the eastern part of Yuen Long. The Deng clansmen have been residing in Kam Tin since the Song Dynasty. Many of them died as a result of the Great Clearance. In 1685, sixteen years after the rescission of the edict, the native residents of Kam Tin built the Lords Zhou and Wang Study Hall in memory of the two lords. They also decided to perform the Daoist ritual (賀醮) every ten years to release the souls of the dead caused by the Great Clearance from purgatory. Apart from this purpose, the ritual has the following objectives:

> 錦田鄉的賀醮，不僅具有求神賜福、祈禱闔
> 鄉昇平，人人安居樂業，最大目的還是酬謝清朝
> 兩廣總督周有德，兩廣巡撫王來任兩人先後上奏
> 康熙皇帝，因海患令鄉民遷界七年的痛苦而獲准
> 復界回鄉的豐功偉績，這種為民請命以至萬民復
> 甦，安居樂業的精神，真可謂千秋萬世，永垂不

8　　See Lui Yuen-chung, Adam (ed.), *Forts and Pirates-A history of Hong Kong*, Hong Kong History Society, 1990, Hong Kong, p.34.

朽。[9]

Translated into English, this passage reads as follows:

> *The Daoist ritual of Kam Tin Village is performed with the aim of earnestly hoping for the blessing of the Gods, peace of the whole village, and contentment in the livelihood of every villager. In addition to these objectives, the ritual has an ultimate objective of paying tribute to Zhou Youde, the Viceroy of Guangdong and Guangxi Provinces, and Wang Lairen, the Governor of Guangdong. They submitted memorials consecutively to Emperor Kangxi with the result that the villagers were allowed to return to their native place, thus putting an end to the seven-year suffering brought about by the coastal evacuation. They pleaded on behalf of the people and helped restore their peaceful livelihood. This brilliant deed would live forever in the minds of the people.*

The Study Hall was either renovated or reconstructed in the years 1744, 1824, 1935, and 1965. It is a two-hall building separated by an open space. The name of the Hall, 周王二公書院, is inscribed on a horizontal plank above the lintel. The following pair of couplet is inscribed on wooden planks on either side of the doorway:

粵海被鴻猷，萃一姓以報功，虔恭罔斁；
錦田歌樂土，際中天而獻壽，歷久彌芳。

9　李君籌：〈錦田酬恩建醮崇祀周王二公〉，收入錦田鄉十年一屆
　　酬恩建醮委員會：《錦田鄉十年一屆酬恩建醮特刊》（香港，2005
　　年），頁17。「兩廣巡撫王來任」應作「廣東巡撫王來任」。

The first line praises the achievement accomplished by the two lords in rescuing the native people from the torment resulting from the evacuation, and says that the Deng clan showed its gratitude to the two lords by building the Study Hall and promised to be respectful to them unremittingly.

The second line depicts the joyous state of the Deng clansmen in Kam Tin after they returned home, a land of happiness: they sang and wished the lords happy birthdays in heaven forever.

The four Chinese characters恭祝千秋on the lintel means 'wishing you a happy birthday'.

The couplet inscribed on the two sides of the memorial tablet in the shrine for worshipping the two lords reads as follows:

惠此嚴疆，恩流兩粵；
復我邦族，德戴二天。

The first line emphasizes the grace that the two lords had given to the remote areas of Guangdong and Guangxi Provinces. In the second line, the author expressed his sincere gratitude to the two lords when they had successfully advised the Emperor to rescind the evacuation edicts and allow the clansmen to go back to their native place.

The four Chinese characters與民休戚carved on the plank of the lintel indicated that the two lords shared weal and woe with the people.

Thus, it is clear that before we can fully understand these two couplets found in the Lords Zhou and Wang Study Hall, we have to be aware of the background history of the Great Clearance in the early Qing Dynasty. The reason why the Deng clansmen of Kam Tin have been paying tribute and offering sacrifices to the two lords is clearly articulated in the A *Commentary on the*

Reconstruction of the Lords Zhou and Wang Study Hall in the Kam Tin Village (〈錦田鄉重建周王二公書院記〉):

> 錦田、鄧氏之世里也。周、王二公有德於其人，而鄉世祀之者也。……民遷徙者賦歸來，如慶更生。既莫厥居，不忘二公之德；廟祀尸祝，遂徧海濱。[10]

This passage in English reads as follows:

> *Kam Tin is the native place of the Deng clan. Lords Zhou and Wang did the clansmen a great favour, therefore they have been worshipping them for decades…The natives who returned home after the rescission of the evacuation edicts were in a state of rapturous excitement as if they were given a new life. They did not forget the good deed that the lords had done to them, so after they had settled down, they built many shrines in the coastal area to pay tribute to the lords.*

【The work described in this paper was fully supported by a grant from the Research Grants Council of the Hong Kong Special Administrative Region, China (Project No.UGC/FDS13/H01/17)】

---

10 科大衛等編：《香港碑銘彙編・第一冊》（香港：香港市政局，1986年），頁32。

越南明鄉人

蕭國健教授

珠海學院香港歷史文化研究中心主任

　　明朝末年，不願被滿族統治之漢人流亡海外，從東北之朝鮮、日本，到東南亞之越南、柬埔寨、緬甸、馬來半島、印尼及菲律賓群島，皆有這些流亡者之足跡。當時東南亞地區，有很多明朝遺民，當地各土著政權，有因曾與明朝有密切關係，亦有因看重華人之經濟實力，或因無力直接統治這些移民，只得包容其存在。這些因滿清入關而避難於越南之漢人，本身有一定之宗族組織。初到一地後，依舊保留自己之髮式及文化特色，及從故鄉帶來之會社及宗族組織制度。在入越之初，依然保有自己之宗族文化，自稱「明香」，意為延續明朝香火之意思，其聚集互動之社群，則被稱為「明香社」。越南史中紀載，規模最早而且較大之明香人團體，多為明朝遺民。

　　清康熙十年(1671)，廣東雷州海康明遺臣鄭玖，率400餘殘部及家眷，從廣東南部，乘船逃抵柬埔寨南部金邊、柴末等水真臘之地，設賭場、開銀礦為業，後率人到茫坎一帶建立七社村，繼開發東自金甌角、西至磅遜灣口地區。因開發有功，被柬埔寨國王委為地方長官。鄭氏父子在治地內組織軍隊，建立城寨，設立文武官署，規劃街市，招攬貿易，及徵收「花枝」（博彩稅）。(圖1,2鄭公廟)

　　清康熙十八年（南明永曆三十三年，1679），三藩之

越南河仙市奉祀鄭玖的
鄭公廟（游子安攝於
2013年）

越南河仙市鄭公廟正殿（游子安攝於2013年）

亂平，台灣鄭氏（鄭經）部隊節節失敗，其艦隊於雷州半島附近大部被殲，三千餘軍民在高雷廉總兵陳上川、副將陳安平，龍門總兵楊彥迪、副將黃進率領下，乘坐五十艘戰船，前往高棉美萩、邊和一帶（今越南南部）；同時，另有170多名鄭氏部屬，自台灣流亡至順化峴港之會安，建立村社，墾荒造田，建府立市，請求廣南國阮福瀕庇護。

阮福瀕嘉其忠義，不想拒絕；但又担心收容明朝遺民會引發清廷不滿；又不放心讓明朝將士駐紮腹地，難於管治；故令陳上川及楊彥迪等前往南方其治下之邊和、美萩一帶，開墾田地，建造房屋及城市。陳上川所率部眾即今越南明鄉人之始祖，其遷入當時由高棉人所控制之柬埔寨地區，南圻。

隨後滿清統一全國，南明復辟無望，這些移民遂在南圻定居，致力於農耕蚕桑，並將該地開拓為商業港口，吸引更多華商前往。這些越南移民及其子孫自認為明香人，他們與越南女性通婚，因此明香人不只保有最初「明朝香火」之含義，也被用以泛指一些與越南人通婚之華人後代。在文化上，這些人之祖輩在初來之際，依舊保留著嶺南文化傳統，衣冠及生活用品，大致還有著前朝影子。習俗上還保留著端午、七夕、中秋、重陽等傳統節日。

1698年，嘉定一帶納入越南版圖，置嘉定府。時越南王重視華人之開發能力，但又不希望華人擁有自己之武裝力量，故只允許華人組成會社──「明香社」。

1708年，鄭玖歸順廣南國，將先前開墾之土地，贈予顯宗阮福淍，受封河仙鎮總兵。其在柬埔寨開拓之河仙地域，成為越南之河仙省。鄭玖於河仙推行明朝文化、通粤语、識漢字、蓄長髮、建文廟，立書院，傳授漢文經典。時人稱河仙地為小廣州，柬埔寨各部族稱之為港口國。

1802年，阮氏統一全越南後，特令全越建立明香社，用以管理中國移民。明香社最早以「復明」為己任之明朝遺

民，漸由那些遺民後裔及清代以後移入明香社之新華僑所代替。

1807年，廣南王室出身的嘉隆帝阮福映號令在全境設立明香社，便於針對華人的管理與戶籍編纂。1814年，朝廷在全國範圍內進行土地清丈，留下之記錄中提到了明香社之位置：緊鄰廣南總督府，與會安之村莊接壤，南方則是廣南省之秋盆河。

越南阮朝明命帝阮福晈為加速這些明朝遺民之越南化，於明命七年（1826）七月詔令：「北客舊號明香，均改著明鄉。」「明香」二字才被改為「明鄉」，此後，明香人改稱明鄉人。明命十年（1829），再詔示：「明鄉人夫婦及其家族，不得復返中國。」其後，阮朝紹治帝阮福暶於紹治二年（1842）下詔：「凡有五名以上明鄉人之處，得準自行另立鄉社，明人須造冊呈報姓名，並禁止剃髮結辮，不得什於華人戶籍。」，其時，需有五名以上明鄉人，才可立明鄉社，登記造冊，以便查核，同時禁止他們薙髮易服，以別於其他華人，明鄉人不得加入清朝之幫派、或越南人之村舍。其納稅較外地人輕，且得仕公職。這樣，明香人在越南保留大明衣冠，並加速越南化。

在越南各朝間，明鄉人之社會地位大致高於後到之華人移民，但低於越南人。他們有獨立之村社組織，並自主管理。政府根據其所屬地區及對政府貢献之情況，減免其徭役，讓其致力於經濟發展及開墾，並利用其與粵閩之經濟聯系，開展對外貿易。同時招誘外地華人知識人才，參予越南科舉考試，入宦海為官，以此獲官爵。在方言、地域文化、以及宗教信仰上，大致與粵閩地區相通。

到殖民時期，法國人終結越南與中國之宗藩關係及各種聯繫，於是將有著漢人血統之明鄉人融入越南人社會，以區別於華人。經過幾代之本地化、及法国殖民教育後，明鄉人之語言及文化已與越南人同化。時至今日，現在之明鄉人，

已不會說廣東話及或閩南語，只長輩中能略識漢字，及依然
保持一些中國風俗習慣。

明鄉嘉盛會館

　　位越南胡志明市第五郡堤岸陳興道路380號之明鄉會
館，為明鄉人社團所創設。會館名「明鄉嘉盛會館」，據入
口處碑文載，會館由81位明鄉人始創於1789年（有說為1778
年），目的在紀念陳上川、鄭懷德、阮有鏡、吳仁靜等華人
後裔及相關人物。會館於20世紀歷經5次重修，1993年1月7
日被越南政府列為國家保護之文化古跡。(圖3明鄉嘉盛會館)
　　會館於1863年曾獲阮翼宗嗣德帝賜匾，門外對聯云：「
明王永治南天，天光日化；鄉里安居越地，地利人和。」另
一門聯云：「嘉猷復振基光舊，盛德長留廟貌新。」正殿供

越南胡志明市明鄉嘉盛會館（游子安攝於2013年）

奉中國明朝歷代皇帝神位，牌位上寫「龍飛」二字，象徵明朝皇帝年號，並祀「五土尊神」、「五穀尊神」、「東廚司令」及「本境城隍」。殿前對聯云：「明聖先王，越國亦聞聲教；鄉黨宗族，亞洲同此冠裳。」

正殿右側供奉鄭懷德及吳仁靜等先賢之神位。左側奉祀陳上川將軍及阮有鏡，神位兩旁聯云：「恥作北朝臣，綱常鄭重；寧為南國客，竹帛昭垂。」後殿供奉歷代經營嘉盛堂有功、或曾為會館重修出資人士。殿內亦有1960年代中華民國總統蔣中正及副總統陳誠所贈之兩塊牌匾，上書「敦本睦鄉」及「正氣長存」字樣。牌匾上兩人名字在1975年因政治敏感因素被刪除。正殿通往後殿通道上，存放著早期明鄉人留下文物：官員戴之布帽、布靴，及明代士兵之竹編鑲鐵皮軍帽。

越南胡志明市明鄉嘉盛會館

明鄉萃先堂

會安老城陳富街14號有一座「明鄉萃先堂」，約建於十八世紀末期，為會安明鄉人之會館及義祠。堂內主要供奉明鄉人之開創先賢「十老」、「六姓」、「三大家」及歷代明鄉社先賢。(圖4,5,6明鄉萃先堂)

明鄉嘉盛會館及明鄉萃先堂所祀奉之「十老」、「六姓」、「三大家」，皆早年南遷越南之明朝舊臣或遺民。據陳荊和教授考訂，「十老」為孔老太爺、顏老太爺、余老太爺、徐老太爺、周老太爺、黃老太爺、張老太爺、陳老太爺、蔡老太爺、劉老太爺等十位，為十九世紀初時遷入；「六姓」為魏、莊、吳、許、邵、伍等姓之六位明朝舊臣，為十九世紀中葉前遷入；其後人欲立祠奉祀，紀其開創之辛勞。惟其時為高危時期：清朝已立國，此等海外遺民恐其追

殺，又因剛抵越南，懼當地政府之迫害，故僅留姓氏，不記全名。後繼之「三大家」為張宏（基）、吳廷（寬）、冼國（詳）三位。明鄉萃先堂內維新二年七月碑中有載，惟缺「十老」之名。

　　陳上川（1626-1720），字勝才，號義略，出生於明朝高州府吳川縣南三都田頭村（今廣東省湛江市坡頭區南三鎮田頭村）富商家庭，其祖先為南宋末年抗元將領陳文龍族人陳八宣。1642年隨舅前往肇慶。1644年清軍入關後，1646年南明永曆帝在肇慶即位，陳上川起兵響應。1662年永曆帝被俘後，陳上川繼續抗清，活躍於廣東、廣西一帶，並被明鄭政權首領鄭成功封為高、廉、雷三州總兵。

　　1673年，三藩之亂爆發，次年陳上川率部攻佔欽州，響應吳三桂。1679年三藩之亂被清朝平定後，陳上川不願成為清朝子民，與副將陳安平等，率三千人，分乘五十艘戰船，前往廣南沱㶟港，請求越南阮福瀕庇護。阮福瀕嘉其忠義，不想拒絕；因越南人南進之需求，阮氏將其安置於東浦（今

會安明鄉萃先堂

明鄉萃先堂所奉藥王本頭公、保生大帝、天后等神明。

浦島），繼令陳上川及另一華僑領袖楊彥迪前往南方邊和、定祥一帶，開墾田地，建造房屋，及發展城市。陳上川所率部眾，成為今越南明鄉人始祖之一。陳上川被阮主封為「嘉定都督」。在其經營下，該地區成為中、日及歐洲商人貿易中轉站。

1705年，柬埔寨國王托摩列謝三世（匿螉深）和副王安恩（匿螉淹）發生軍事衝突。安恩戰敗，逃往嘉定。阮福瀕派阮久雲送其歸國。1714年托摩列謝三世獲暹羅支持下進攻安恩。陳上川與副將阮久富一同發兵討伐，托摩列謝三世一族逃亡暹羅。陳上川遂立安恩為柬埔寨國王。

越南永盛十六年（1720）十月廿三日，陳上川在今平陽省一帶逝世。死後受到當地人尊崇，立廟祭祀。其後代亦受阮主禮遇。明命、紹治年間，越南皇帝冊封他為「上等神」。

對「司鹽都尉」
主要文獻記載的梳理和認識

李海榮

深圳市文物考古鑒定所

一、引 言

2001年，在深圳南頭古城（又稱「新安故城」[1]）南門外的西南側發掘了一段曲尺狀的所謂「壕溝」（圖一、圖二）。其正東西走向的溝，北距南頭古城明清時期的護城河近50米，並與護城河基本平行；其南北走向的溝，垂直連接東西走向的溝的東端並向北延伸，又與護城河南岸垂直交叉。

據介紹，「壕溝只發掘了一部分，東西長110米，面寬5.6~6米，底寬1~1.6米，深2.2~2.6米，坡度為45度。」[2]

這條溝的性質，目前所見有兩種說法，一說認為是東晉東官郡治的護壕[3]，一說認為是三國東吳司鹽都尉壘的護壕[4]。

對這條溝的年代和性質的判斷，一是需要對文獻記載進行梳理辨析，二是需要對考古資料進行合理解讀。

本文僅對有關司鹽都尉的主要文獻進行辨析，並提出初步看法。對考古資料的解讀，將另文詳述。

圖一、左側的溝即為所謂的「護壕」　　　圖二、曲尺狀的溝

二、文獻辨析

文獻記載，三國東吳曾在嶺南地區設置有管理鹽業的司鹽都尉，其駐地被稱為司鹽都尉壘。

[南朝・梁]沈約《宋書・州郡志》：「東官太守，《何志》：『故司鹽都尉，晉成帝立為郡。』」

《何志》為南朝宋何承天所撰的《州郡志》[5]。《宋書》引《何志》的說法，是說明司鹽都尉設置在東晉東官郡的轄區內。

[唐]杜佑《通典・職官》「魏官置九品，……第六品……司鹽都尉、度支中郎將校尉、司竹都尉。」

三國魏的司鹽都尉是六品官，三國吳的司鹽都尉的秩品大體可以參照。

[唐]段成式《酉陽雜俎・續集》卷十：「東官郡，漢順帝時屬南海，西接高凉郡，又以其地為司諫都尉。東有蕪地，西鄰大海。有長洲，多桃枝竹，緣岸而生。」

饒宗頤先生說：「司諫可能是司監的音誤，而司監則又為司鹽之形誤。」[6]監（監）、鹽（鹽）的字形很接近，饒先生的說法是確論。

[北宋]李昉等《太平廣記・草木七》：「東官郡，漢順

帝時屬南海，西接高凉郡，又以其地為司監都尉。東有蕪地，西接臨大海。有長洲，多桃枝竹，緣岸而生。」

上條文獻完全依據《酉陽雜俎・續集》而來。

《宋書》所引《何志》、《酉陽雜俎》和《太平廣記》說司鹽都尉的駐地在東晉的東官郡範圍內，沒有說明更具體的地點。

[北宋]樂史《太平寰宇記・嶺南道一・廣州》：「東官郡故城，晉義熙中置，以寶安縣屬焉。多蚶、蠣、石蚶、海月、香螺、龜。《郡國志》云：東官郡有『蕪城』，即吳時司鹽都尉壘」。

據《太平寰宇記》所引「《郡國志》」的記載，三國吳所設的司鹽都尉，其駐地築有司鹽都尉壘城。《說文》：「壘，軍壁也。」《周禮・夏官・量人》：「營軍之壘舍。」《禮記・曲禮上》：「四郊多壘。」

義熙是東晉安帝司馬德宗的第四個年號（公元405—418年），那麼《太平寰宇記》所說的「東官郡」是指東晉所設的東官郡，其所引的「《郡國志》」，說司鹽都尉壘在「東官郡」境內。但是，這條文獻太可疑了。

《郡國志》最早是西晉司馬彪所著《續漢書》中八志中的一志。現在看到的南朝宋范曄所著的《後漢書》中也有《郡國志》，但它是南朝梁劉昭因范曄的《後漢書》無志，就把司馬彪的八志詳加注釋後併入了《後漢書》，故此也稱之為《後漢書・郡國志》[7]。不過，在《後漢書・郡國志・交州・南海郡》下查不到《太平寰宇記》所引「《郡國志》」的記載。《太平寰宇記》中的不少記載都有問題，下面還會涉及到。

這有兩種可能性：

其一、《太平寰宇記》所謂的「《郡國志》」的「東官郡有『蕪城』，即吳時司鹽都尉壘」，是出自《郡國志》嗎？會不會是樂史把所引的書名寫錯了？因為西晉時期的司

馬彪，肯定不會知道東晉東官郡的事情。

　　其二、如果《太平寰宇記》所引用的「《郡國志》」的話，確實就是出自司馬彪的《郡國志》，那引文中的「東官郡」就不是一開始所設郡治在寶安縣的東晉東官郡，而只能是指三國吳在增城縣所設的東官郡 。[8]

　　[北宋]樂史《太平寰宇記・嶺南道一・廣州》：「東莞……漢順帝時屬南海郡地。吳孫皓以甘露元年置始興郡，以其地置司鹽都尉。晉立東莞郡，隋為寶安縣。唐至德二年改為東莞縣。」

　　在古文獻中「官」、「莞」、「筦」經常混用，「東官」、「東莞」、「東筦」往往說的是一回事 。[9]

　　上條文獻應該是說，司鹽都尉壘在北宋的東莞縣境內，北宋東莞縣包括今深圳區域。一般認為，今深圳市境內最早建置的縣一級行政機構是在東晉咸和年間建立的寶安縣，同時建立的東晉東官郡的郡治也在寶安縣。到了唐至德二年，新建置東莞縣，原寶安縣轄區則歸東莞縣管轄[10]。又一直到了明萬曆元年，把東莞縣南部析出建置了新安縣[11]。新安縣，除了康熙早期由于禁海遷界而短暫三年歸東莞縣管轄外[12]，一直延續到民國三年，才又把縣名改回到寶安縣[13]。改名後的寶安縣，即深圳建市前的名稱。

　　上條文獻中的「吳孫皓以甘露元年置始興郡，以其地置司鹽都尉」，應該說的是不同地點的兩件事。否則的話，就不僅與我們上引的同書中所說的司鹽都尉設在東官郡矛盾，還與同書的下一條記載矛盾。

　　[北宋]樂史《太平寰宇記・嶺南道三韶州》：「韶州……秦屬南海郡，二漢屬桂陽郡。吳甘露元年于此置始興郡，晉因之。」又載：「曲江縣，漢舊縣……後漢于此置始興縣，本桂陽之南部，吳甘露元年于此置縣並郡。」

　　[唐]杜佑《通典・州郡》：「韶州今理曲江縣……秦屬南海郡，二漢屬桂陽郡，吳分置始興郡，晉因之。」又載：

「始興郡東至南康郡界七百里，南至南海郡八百里，西至桂陽郡五百里，北至仁化縣三百二十里⋯⋯東南到南海郡界七百里，西南到桂陽郡師子岡界四百二十里，西北到南陵郡界二百二十里，東北到仁化縣三百二十里。」

　　三國吳甘露年間分桂陽郡南部都尉置始興郡，郡治在曲江縣(今韶關市東南)，轄境大體為現今廣東的韶關和清遠地區。始興郡的管轄區域，沒有管到現今珠江三角洲一帶的證據。在三國時期，今深圳一帶還是應該歸屬于南海郡管轄[14]。

　　[北宋]元祐五年（公元1090年）東莞縣令李岩《縣令舊題名記》（收錄于明成化吳中等修纂的《廣州志·東莞縣》）：「晉成帝析南海置東筦郡，其地在東筦場公宇東二百步，頹垣斷塹，猶有存者。然筦本作官，蓋當時置司鹽都尉領之，如鐵官、鹽官之類是也。宋、齊而下因之。至唐或名寶安，後復移于到涌，即今治所也。按《唐史》云：至德二年更名。更筦，前官字之易始于此耶。自晉迄今七八百年間，其為令長者不知幾何人，而聲迹湮滅，豈其治皆不足紀哉？」

　　上條文獻中的「當時」一詞，應做「昔時」解。例如，唐代曹唐的詩《劉阮再到天臺不復見仙子》：「桃花流水依然在，不見當時勸酒人。」北宋沈括《夢溪筆談》：「蓋當時未有雁蕩之名」。

　　李岩，江西臨江人(今江西清江縣)，北宋元祐二年(1087年)任東莞縣令，曾興修東江堤，有善政[15]。

　　北宋的東莞縣包括今深圳地區。李岩所言與司鹽都尉有關的內容，可歸納如下：

　　1、他認為，東筦郡郡治「在東筦場公宇東二百步」。東筦的「筦」字本作「官」，東筦（官）源于「司鹽都尉」這個官名。

　　2、東筦（官）場[16]原來是司鹽都尉的管轄地。

　　李岩推測，北宋東莞縣的東筦（官）場所在地，曾經歸

屬司鹽都尉「領之」（管轄、統領），但是沒有說司鹽都尉的治所——司鹽都尉壘就在北宋的東筦（官）場，也沒有說清楚東筦（官）場的具體位置。實際他自己就說「自晉迄今七八百年……聲迹湮滅，豈其治皆不足紀哉？」那就是說，他是猜測的。依據李岩的說法，我們確定不了司鹽都尉壘的具體地點。

[南宋]王象之《輿地紀勝·廣州》「古迹」：「東官郡故城，《寰宇記》云『晉義熙中置，以寶安縣屬焉。』《郡國志》云『東官郡有蕪城，即吳時司鹽都尉壘。』」

《輿地紀勝》引《郡國志》，是說司鹽都尉壘在東晉東官郡轄區內。

[元]陳大震等《大德南海志》（《永樂大典》卷一一九五《廣州府一》引）：（東莞縣）「本漢南海郡地。吳甘露三年，始置司鹽都尉。晉成帝咸和六年，立東莞郡。」

甘露為吳末帝孫皓年號，甘露二年八月就改元為寶鼎元年了。據下引《圖經志》、天順《東莞縣志》等文獻的記載，「甘露三年」應為「甘露二年」之誤。

[明]《圖經志》（《永樂大典》卷之一萬一千九百五「廣州府」引）：（東莞縣）「秦，地屬南海郡。三國吳甘露二年，始置司鹽都尉于其地。晉咸和六年，立東莞郡。」

[明·天順]盧祥《東莞縣志·沿革》：「東莞縣，漢南海郡地，吳甘露二年始置司鹽都尉。晉成帝咸和六年立東莞郡，其治在東莞場，莞字本作官。」

《大德南海志》、《圖經志》和天順《東莞縣志》，說司鹽都尉壘在萬曆元年新安縣設立之前的東莞縣境內。元和明早中期的東莞縣包括今深圳地區，但是我們不能得出司鹽都尉壘就在今深圳南頭的結論。

要提別指出，元初的《大德南海志》和明代的《圖經志》以及天順的《東莞縣志》，都沒有採用北宋李岩的司鹽都尉「領」東莞場的說法。陳大震是番禺人，曾經長期任

職廣東的地方官職。南宋滅亡後，隱居家鄉致力于文教，他編纂的《南海志》是廣東省第一部地方志[17]。盧祥就是東莞人，也是多年為宦後辭官隱居鄉里，編纂《東莞縣志》[18]。按理講，作為廣東人的陳、盧二人應該看到了北宋江西人李岩任東莞縣令時所寫的《縣令舊題名記》，但是他們為什麼不採信呢？那只能說，他們認為李岩的說辭不可靠。

　　[明・萬曆]郭棐《廣東通志・郡縣志一》：「東管縣，……本秦番禺縣地，漢因之。吳甘露二年，始置司鹽都尉于東官場。晉咸和六年立為東官郡，治寶安，即城子岡，今新安治。」又載：「新安縣，本晉東官郡寶安縣地。唐改寶安為東莞，徙治到涌，地仍屬之，宋元沿焉。國朝洪武初，建以舊縣治為東莞守禦千戶所。……萬曆元年始剖符設官，賜名新安，即東莞千戶所為縣治」

　　萬曆《廣東通志》則把李岩的說法肯定化，書中在「東莞縣」條下說司鹽都尉在東官場，但是也沒有說明東官場的具體位置。萬曆時東莞縣與新安縣並存，書中也東莞和新安二縣並見。郭棐為什麼不把司鹽都尉放在「新安縣」條目下呢？這可能說明，他不認為司鹽都尉以及東官場在新安縣境內，而是在東莞縣境內。

　　[明・崇禎]張二果等《東莞縣志・地輿志》「建置沿革條」：「吳甘露間，始置司鹽都尉于東官場，場名『東官』，謂東方鹽官。晉成帝咸和元年，分南海立東官郡，治寶安，在東官場北，即城子岡，今為東莞守禦千戶所。」

　　崇禎《東莞縣志》的說法，應該是直接來自于北宋李岩的猜測。只不過，張二果把李岩的猜測肯定化，說司鹽都尉壘就在東官場；而東官場在東晉東官郡治和明代東莞守禦千戶所城所在地城子崗的南邊。

　　張二果把他之前的1300多年來文獻記載不詳的司鹽都尉的駐地說「清楚」了。他之後，有很多人基本都是沿襲他的說法，或者是在他的說法基礎上略加改變。明末崇禎《東莞

縣志》是個轉折點，把以前記載不詳或是猜測的說法肯定並具體化了。

[清・康熙]顧祖禹《讀史方輿紀要・廣東二》：「寶安廢縣，……本東官鹽場。三國吳甘露二年，置司鹽都尉于此。晉改置縣，並立東官郡，亦曰東官城。……明洪武三年，改築新城。其廢縣亦曰城子崗，地平曠，千戶所置于此。」又載：「新安縣，……本東莞縣地。隆慶六年析置新安縣，治城子岡。」

顧祖禹與張二果的說法略有不同，他認為司鹽都尉壘設在東官鹽場；而東晉東官郡治、寶安縣治在東莞鹽場的城子崗，明代的東莞守禦千戶所城和新安縣治也建在城子崗。

[清・康熙]靳文謨《新安縣志・地理志》：「……置司鹽都尉于東官場，即今城外鹽課司也。晉成帝咸和六年，分南海，立東官郡于場之地，治寶安，即今東門外城子崗。」

康熙《新安縣志》說，司鹽都尉壘在東官場，具體在新安縣城外的鹽課司所在地；東晉的東官郡治也在東官場，具體在新安縣城東門外的城子崗。

[清・康熙]郭文炳《東莞縣志・沿革》：「吳置司鹽都尉于東官場。場名東官，謂東方鹽官。」

[清・雍正]周天成等《東莞縣志・沿革》：「吳甘露二年置司鹽都尉于東官場。場名東官，謂東方鹽官。」

[清・嘉慶]彭人杰等《東莞縣志・沿革》：「甘露元年置司鹽都尉于南海郡之東官場。」

[清・道光]阮元《廣東通志・郡縣沿革表二》：「新安縣，……甘露二年置司鹽都尉。」

上條文獻說司鹽都尉在新安縣，但是沒有說在新安縣的具體位置。

[清・宣統]陳伯陶《東莞縣志・古迹略》：「東官郡城，在縣南東莞場，晉咸和間為郡，故址今為東莞守禦千戶所。寶安廢縣，……本東官鹽場，吳置司鹽都尉于此；晉改

置縣，並立東官郡，亦曰東官城。……按晉東官郡、寶安縣、明千戶所並同一地，即今新安縣治。」

　　陳伯陶的意思，是三國吳司鹽都尉壘、東晉東官郡、東晉寶安縣、明東莞守禦千戶所、新安縣城都在東官（莞）場。

　　把主要文獻的觀點列表如下：

文獻 時代	出處	司鹽都尉駐地位置	注
南朝宋	《何志》	在東晉東官郡轄區內	《宋書》引南朝宋何承天《州郡志》
唐	《酉陽雜俎續集》	在東晉東官郡轄區內	
北宋	《太平廣記》	在東晉東官郡轄區內	
北宋	《太平寰宇記》	在北宋東莞縣轄區內	從此與宋以後的東莞縣聯繫在了一起
北宋	《縣令舊題名記》	在北宋東莞縣轄區內，推測東筦（官）場原是司鹽都尉的管轄地	沒有說司鹽都尉的駐地就在東官場，也沒說清楚東官場在北宋東莞縣的具體位置。
南宋	《輿地紀勝》	在東晉東官郡轄區內	
元	《大德南海志》	在元代東莞縣轄區內	其時新安縣還未設立
明	《圖經志》	在明代東莞縣轄區內	其時新安縣還未設立
明天順	《東莞縣志》	在明代東莞縣轄區內	其時新安縣還未設立
明萬曆	《廣東通志》	在「東莞縣」條目下的東官場	書中東莞和新安二縣並見，但沒有說司鹽都尉在新安縣境內。

文獻時代	出處	司鹽都尉駐地位置	注
明崇禎	《東莞縣志》	在東官場；而東官場在東晉東官郡治和明代東莞守禦千戶所城所在地城子崗的南邊。	三國吳甘露年間到明崇禎時期，有1300多年，司鹽都尉壘的地點終于被說「清楚」了。
清康熙	《讀史方輿紀要》	在東官鹽場；而東晉東官郡治、寶安縣治在東莞鹽場的城子崗，明代的東莞守禦千戶所和新安縣治也在城子崗。	
清康熙	《新安縣志》	在東官場。具體在新安縣城外的鹽課司所在地。	
清康熙	《東莞縣志》	在東官場	沒有說東官場的具體位置
清雍正	《東莞縣志》	在東官場	沒有說東官場的具體位置
清嘉慶	《東莞縣志》	在東官場	沒有說東官場的具體位置
清道光	《廣東通志》	在新安縣境內	沒有說在新安縣內的具體位置
清宣統	《東莞縣志》	司鹽都尉壘、東晉東官郡、東晉寶安縣、明東莞守禦千戶所、新安縣城都在東官（莞）場。	

三、初步認識

通過對上述有關司鹽都尉的主要文獻的分析，可以看出以下基本的事實：

1、從三國吳甘露年間設置司鹽都尉開始，到北宋《天平寰宇記》之前，有700餘年。據這個期間的文獻記載，只

知道司鹽都尉的駐地——司鹽都尉壘在東晉的東官郡轄區內。《天平寰宇記》則不僅說司鹽都尉壘在東晉的東官郡轄區內，而且進一步地認為在北宋的東莞縣境內。

2、到北宋元祐五年李岩撰寫《縣令舊題名記》時，距離司鹽都尉的設置已經過去了820多年。李岩采信《太平寰宇記》司鹽都尉壘在北宋的東莞縣境內的說法，又進一步猜測北宋時期的東莞（官）場曾經是司鹽都尉的管轄地。但是，李岩並沒有明說司鹽都尉壘就在東官場，也沒有說清楚東官場的具體位置。

3、明萬曆之前的元代《大德南海志》、明代《圖經志》和天順《東莞縣志》，都沒有采信李岩的說法。

4、明萬曆郭棐的《廣東通志》則把李岩的說法肯定化，書中在「東莞縣」條目下說司鹽都尉在東官場，但是也沒有說明東官場的具體位置。萬曆時東莞縣與新安縣並存，書中也東莞和新安二縣並見。郭棐把司鹽都尉放在「東莞縣」條下，他應該是認為司鹽都尉以及東官場在東莞縣境內。

5、李岩之後，又過了500多年，明崇禎張二果編寫《東莞縣志》，他不僅說司鹽都尉壘就在東官場，還認為東官場就在東晉東官郡治和明代東莞守禦千戶所城（今深圳南頭城）所在地城子崗的南邊。從三國吳甘露年間到明崇禎時期，有1300多年，司鹽都尉壘的地點終于讓張二果說「清楚」了。

6、從明末的張二果開始，才把司鹽都尉壘與今深圳的南頭聯繫在一起。張二果之後，有很多人基本都是沿襲他的說法，或者是在他的說法基礎上略加改變。比如宣統《東莞縣志》，則乾脆說司鹽都尉壘、東晉東官郡、寶安縣治、明東莞守禦千戶所、新安縣城都在東官（莞）場，全都搞到一起了。

7、文獻記載中司鹽都尉壘的位置，從南朝到清末是由

不清晰到非常清晰，由位置不具體到非常具體。到了今天，有一些人認為司鹽都尉壘就在深圳南頭城的西南側。

　　但是，不得不追問一句：「南頭說」有多少真實的成分？究竟有幾分是可信的？

　　[明·嘉靖]黃佐《廣東通志·輿地志三》載：「東莞守禦千戶所城，在舊東莞郡基地，名城子岡，……古無城池，洪武二十七年始置。」

　　嘉靖《廣東通志》的作者是嶺南明代的大學者黃佐[19]。作為同時代的人，黃佐說東莞守禦千戶所城所在地城子岡是「古無城池，洪武二十七年始置」，這是非常值得重視的說法；起碼說明，東莞守禦千戶所城那一片區域在洪武二十七年之前是沒有城池的。自2001年以來，在南頭古城內陸續發現有東晉、南朝、唐代以及宋代的墓葬，也可佐證黃佐之說[20]。

　　美國杰出的哲學家和歷史學家杜蘭特說：「絕大部分歷史是猜測，其餘的部分則是偏見。」[21]顧頡剛先生則有「層累地造成的中國古史」的學說。

　　在歷史研究中，「疑古」的傳統可以追溯到先秦時期，孟子就說：「盡信《書》，則不如無《書》。吾于《武成》，取二三策而已矣。」[22]漢武帝為加強中央集權而「獨尊儒術」，由儒家經典對古史記載為核心而形成的古史觀占據統治地位。之後，除了清代乾嘉時期的考據學家崔述等個別人外[23]，對古史和典籍的質疑基本處于一種式微的狀態。

　　從1920年代開始，顧頡剛先生創立了歷史研究的「古史辨派」，中國史的研究由此進入「疑古時代」。顧先生說「古史是層累地造成的」，就是古史並非自古皆然，而是由無到有，由簡單到複雜，逐漸演化而成的。胡適先生評價《古史辨》，說這是「中國史學界一部革命的書，又是一部討論史學方法的書。」[24]顧先生的創建，就連他學術上的「敵人」郭沫若都不得不說：「的確是個卓見。」[25]

　　顧頡剛等先生做了大量的對一系列的古書及其記載內容的辯偽工作。其實，這也是今天仍然應該承繼的一項工作。在檢視文獻記載時，經常會發現當時或者年代距離不遠的古人都不知道或者說不清楚的事情，結果千百年過去之後，有一些人反倒是說的頭頭是道。必須要問一句，這種可能性有多大？

　　隨著考古學的引入和發現——包括實物和文字資料，可以擴大及延伸對歷史研究的範圍和深度，也能證明文獻記載的一些說法，當然也可糾正過去「古史辨派」疑古過甚的一些錯誤。但是，這與對史籍記載的「疑古」並不矛盾，「疑古」和「釋古」完全可以並駕齊驅。要絕對地說「走出疑古時代」[26]，不僅為時過早，而最大的可能是永遠也走不出來；對汗牛充棟的文獻記載的質疑、考證以及糾錯，應該是無窮盡的。所以，最好的方法是「疑古」與「釋古」並重。如果拋開信仰和情感的因素，僅僅從學理的層面講，誰還會相信「盤古開天地，三皇五帝到如今」這一源遠流長的中國歷史框架呢？考古的發現早已證明，中華文化的起源及其發展是「滿天星斗」式的，是「多中心」的。提出「走出疑古時代」的李學勤先生也說：「『釋古』完全不是倒退到『信古』……相反地，對于傳世文獻應以更嚴格審慎的態度進行整理研究。」[27]

四、結 語

　　通過對文獻的梳理與辨析，可以知道，把南頭古城左近與司鹽都尉壘聯繫在一起的，是司鹽都尉設置之後1300多年的明崇禎《東莞縣志》。但是，這種飛躍的步伐實在是邁得太大了，不得不令人生疑，可信度有限。而通過對明崇禎《東莞縣志》之前的文獻的瞭解，只能得出司鹽都尉在東晉所設東官郡的轄區內，又在萬曆元年設置新安縣之前的東莞縣

境內（唐至德二年至萬曆元年之間的東莞縣，其轄區包括今深圳）。

對考古資料的解讀，將另文詳述，但是在這裡先說出觀點。從考古學的角度，是不能得出南頭城南門外西側的所謂「護壕」的年代為三國吳或者東晉的結論。

在雨水充沛、炎熱潮濕、植被茂密，而且多暴雨、多颱風、多滑坡等自然灾害頻仍的珠三角地區，從「城市」考古的角度講，功能性的溝——即日常要正常使用的溝，其溝內所謂的地層大多不可信。理由略說幾點：

1、人工所挖功能性的溝，為了保證其功能的正常運轉，在被廢弃前必定是要經常清淤的；在廣東（包括深圳）的地方志中也多有對人工河道清淤的記載[28]。所以，功能性的溝不太可能形成長時間的、多層次的、很厚的文化層堆積。

2、城內及近城垣部的人工挖掘的溝，其功能被取消後，不會長期不被填埋。一旦溝的功能消失，溝則成為人的累贅和麻煩製造者，溝所在的區域會被填滿而重新利用。其實，即使人不去填埋溝，在珠三角地區特殊的自然環境下，大自然也會在不長的時間裡就把溝給填埋了。

3、如果人工填埋溝，填埋土多是來自于附近的高地或山崗，不可能來自溝的近旁；否則，為了填這個溝，就得就地新挖一條溝或者新挖一個大坑。也就是說，溝內填土中的遺物多是二次堆積；人工填埋溝的填埋物，是把不同時期的遺物混雜在一起的，所謂溝內「地層」中遺物的年代很可能不單純，它們之間難以互證時代。

4、退一步講，即使人工溝裡填埋的所謂地層經過了一段「還算」較長時間的堆積，那麼在自然營力——大暴雨、颱風、急流沖刷、地質灾害等，以及人力的擾動作用下，溝裡的堆積是否會存在多次堆積的次生層，甚至會有倒裝層的現象？一定會有！也就是說，難以認定溝裡從下到上所謂的

「地層」絕對是「由早及晚」的文化層堆積。

實際上，所謂的「護壕」內除了出土東漢磚、三國磚及瓷器、東晉南朝瓷器外，還出土有明代的瓷片[29]。在一個遺迹單位中，其所謂的「地層」不可信的情況下，遺迹的年代只能以出土的最晚的遺物年代來判斷。也就是說，所謂的「護壕」很可能就是明代的（待另文詳證 [30]）。

另外，所謂「護壕」的年代，無論是定為三國吳時期，還是定為東晉時期，即使只算到明朝建立之年，都超過了一千年。這條溝一直能使用一千多年嗎？不敢說絕對不可能，但是也確實令人難以想像。人工挖掘的能夠延續使用上千年的功能性渠溝河道，除了非常特殊的、具有戰略意義的、關係到國家交通運輸大動脈的鄭國渠、靈渠、大運河……等個別的之外，很難沿用上千年。

至此，本文的結論是：關于司鹽都尉的駐地，明崇禎《東莞縣志》及其以後文獻的說法可信度不高，目前也無確鑿的考古證據，還是一個沒有被解決的歷史問題。通過對明崇禎《東莞縣志》之前文獻的辨析，只能大致判斷司鹽都尉壘在今珠江口東岸的東莞縣及其東莞縣以南（包括今深圳）的區域。

1　南頭古城（新安故城）是始建于明洪武二十七年（一說洪武十四年）的東莞守禦千户所城，明萬曆元年設置的新安縣治也在城內。[明·天順] 盧祥《東莞縣志·城池》：「東莞守禦千户所城，在邑之十都海濱，洪武十四年開設。」[明·嘉靖]黃佐《廣東通志·政事四》：「東莞守禦千户所，在縣南十三都南頭城，洪武二十七年都指揮同知花茂奏設。」[明·嘉靖]黃佐《廣州志·公署三》：「東莞守禦千户所及鎮撫司，在縣南第十三都南頭城，隸南海衛。洪武二十七年都指揮同知花茂奏設。」[明·嘉靖]《蒼梧總督軍門志·兵防三》：「東莞守禦千户所，……隸南海衛，洪武二十七年設。」[明·萬曆]郭棐《粵大記·政事類》「兵職」：「東莞守禦千户所，……隸南海衛，洪武二十七年設。」[清]張廷玉等《明史·地理志》：「新安，府東南。本東莞守禦千户所，洪武十四年八月置，萬曆元年改為縣。」[清·康熙] 靳文謨《新安縣志·地理志》

「沿革」：「正德間，民有叩閽乞分縣者，不果。隆慶壬申，海道劉穩始為民請命，撫按題允，以萬曆元年剖符設官，賜名新安。城因所城之舊。」　同書《地理志》「城池」：「邑地在城子崗，即因東莞守禦所城也。明洪武二十七年，廣州左衛千户崔皓開築。」[清‧嘉慶] 舒懋官等《新安縣志‧兵制》：「東莞守禦所在縣治城中，隸南海衛。」　又同書《建制略》「城池」：「邑城在城子崗，即因東莞守禦所城也。明洪武二十七年，廣州左衛千户崔皓開築。……萬曆元年建縣。」

2　南頭古城博物館編：《南頭古城歷史陳列展》（非正式出版物）。2001年南頭古城發掘的資料至今未發表。

3　深圳市文物管理委員會辦公室等：《深圳7000年》，文物出版社，2006年；深圳博物館編：《古代深圳》，文物出版社，2010年；陳海濱：《深圳古代史》，深圳報業集團出版社，2015年。

4　彭全民、廖虹雷：《深圳歷史上的東莞郡太守》，《深圳特區報》2013年8月14日，張一兵：《深圳通史》01，海天出版社，2018年。

5　何維鼎：《「何志」並非東莞太守》，《廣東社會科學》1984年1期。

6　饒宗頤：《香港考古話由來》，《中國文物報》1997年6月22日。

7　錢林書：《續漢書郡國志匯釋》，安徽教育出版社，2007年。

8　[唐]杜佑《通典‧州郡》：「增城，漢番禺縣地，吳置東官郡于此，有增江。」[五代‧晉]劉昫《舊唐書‧地理志》：「增城，後漢番禺縣地，吳于縣置東宮，有增江。」據《通典》，「宮」應為「官」之誤；「東宮」應指東官郡。[北宋]樂史《太平寰宇記》卷一五七：「增城縣，……漢番禺縣地，吳黃武中于此置東郡而立增城縣，因增江為名。」據《通典》，「東郡」應是東官郡，抄寫者誤脱了「官」字。

9　在古文獻中「官」、「莞」、「管」經常混用，「東官」、「東莞」、「東筦」往往説的是一回事。可以從文字學的角度，對「官」、「莞」、「筦」混用做一些解釋。《康熙字典》：官「又與管通，宋元邊徼所司曰掌管，今為土司長官。」官，有管制、管理的意思。《管子‧權修》：「審其所好惡，則其長短可知也；觀其交游，則其賢不肖可察也。二者不失，則民能可得而官也。」《管子‧山國軌》：「軌守其時，有官天財，何求于民？」「有官天財」，就是又能管好自然資源的意思。《康熙字典》：筦「又主也。《史記‧平准書》：『桑弘羊為大農丞，筦諸會計事。』《前漢‧穀永傳》：『昔龍筦納言，而帝命惟允。』」筦，也有管理、主管的意思。另外，作為偏旁的「艸（草）」字頭和「竹」字頭，不僅形體接近，而且特別是都表示植物類，所以這兩個偏旁在古文字和古文獻中有時可以互換。比如，「苐」古同「第」；又如，「籍」通「藉」，踐踏、欺凌之意，《風俗通‧窮通》

「　籍夫子者不禁。」由此，在古文獻中看到「官」、「莞」、「筦」這三個字互通，是屬符合文字學原則的現象。

10 [南朝·梁]　沈約《宋書·州郡志》：「東官太守，《何志》：『故司鹽都尉，晉成帝立為郡。』《廣州記》：『晉成帝咸和六年，分南海立。』領縣六：……寶安……安懷……興寧……海豐……海安……欣樂。」[唐]李吉甫《元和郡縣圖志·嶺南道一》：「東莞縣，……本漢博羅縣地，晉成帝咸和六年於此置寶安縣，屬東莞郡。隋開皇十年廢郡，以縣屬廣州。至德二年改為東莞縣。」[元]陳大震《大德南海志》（《永樂大典》卷一一九五《廣州府一》引）：（東莞縣）「晉成帝咸和六年，立東莞郡，領縣六：寶安、安德、興寧、海豐、海安、欣樂是也。……東官太守治寶安縣。……隋開皇十年，廢郡，以縣隸廣州，然隋猶以寶安名縣。詳見《寰宇記》。李唐至德三年更名東莞。」[明]《圖經志》（《永樂大典》卷之一萬一千九百五「廣州府」引）：（東莞縣）「晉咸和六年，立東莞郡，領縣六，寶安其一也。……隋開皇十年，廢郡，以縣隸廣州，複為寶安。唐至德二年，更名東莞。」[明·萬曆]郭棐《廣東通志·郡縣志一》：「東管縣，……晉咸和六年立為東官郡，治寶安，即城子岡，今新安治。……隋開皇九年廢郡，以寶安縣屬廣州。唐因之，徙治到涌，即今縣治，至德二年更名東莞。

11 [清·康熙]靳文謨《新安縣志》卷三《地理志》「沿革」　：「隆慶壬申，海道劉穩始為民請命，撫按題允，以萬曆元年，剖符設官，賜名『新安』。城因所城之舊，編戶五十六里。」

12 清初清政府為了打擊鄭成功等反清勢力，在東南沿海先是在順治十二年開始實行禁海政策，「嚴禁商民船隻私自出海」，又在順治十八年正式頒布了遷界令。據康熙《新安縣志》記載，新安縣遷界的大致情況是，在順治十八年總鎮張善「沿海看界」後，于康熙元年「邑地遷三分之二」，「驅民遷入五十里內地」；康熙二年又「擬續立界，邑地將盡遷焉。」但是，總督盧崇岐「以邑地初遷，人民困苦，會疏乞免盡遷，止（只）遷東西二路，共二十四鄉。」這就使得新安縣幸免被全遷。」康熙三年「城守蔣弘閭、知縣張璞，逐東西二路二十四鄉入界。」在遷界令實施後，新安縣境內大部分地區的居民遷移他鄉，新安縣管轄的土地面積也大縮，名存實亡，所以新安縣被並入東莞縣三年。嘉慶《新安縣志·沿革》：新安縣「國朝因之。康熙五年，省入東莞縣，八年複置。」對于遷界，清政府內部一直有爭議，特別是廣東巡撫王來任、兩廣總督周有德多次上書，力陳遷界之害，請求展界。最後在康熙八年朝廷下令複界，新安縣的建制被恢復。

13 寶安縣地方志編纂委員會：《寶安縣志》，廣東人民出版社，1997年。

14 譚其驤：《中國歷史地圖集》第三　《三國時期·交州》

15　天順《東莞縣志·縣官題名》「李岩」條；崇禎《東莞縣志·官師志·名宦傳》「李岩」條。

16　東筦場（或寫作「東莞場」、或寫作「東官場」），就是東莞鹽場的簡稱，它是從北宋才出現的名稱，這與北宋時期東莞鹽場歸屬于東莞縣管轄有關。（詳見李海榮：《也談「番禺鹽官」》，《廣州文博》待刊）

17　[明]黃佐：《廣州人物傳》，廣東高等教育出版社，1991年。

18　[清·康熙]郭文炳：《東莞縣志·人物傳》「盧祥」條。

19　[清]張廷玉：《明史·文苑·黃佐傳》；林璜：《略論明代黃佐的方志學成就》《歷史教學：高校版》，2013年第3期。

20　發掘簡報待發表。

21　[美]威爾·杜蘭特：《歷史的教訓》，四川人民出版社，2015年。

22　《孟子·盡心下》

23　[清]崔述：《崔東壁遺書》，國家圖書出版社，2018年。

24　顧頡剛編著：《古史辨》二，上海古籍出版社，1982年。

25　郭沫若：《中國古代社會研究》，人民出版社，1992年。

26　李學勤：《走出疑古時代》P19，遼寧教育出版社，1995年。

27　李學勤《清路集》P228，團結出版社，2004年。

28　[元]陳大震等《大德南海志·城濠》：「有州郡，則有城池，所以扞禦外侮也。……慶曆四年經略魏瓘築也，周環五里，雉碟三百，竣事，遷議大夫因任。皇佑四年……複環城浚池，……慶曆間，魏瓘再知廣州，環城浚池，……嘉定三年，經略陳峴重浚，……開慶己未，謝經略子強大興工役，廣斥至二十丈，深三丈餘，……（南濠）淳熙二年，經略周自强浚之，……紹定三年，經略方淙浚之。寶佑元年，李經略迪複自擢甲巷開浚，至閘口又加深焉。德佑元年，經略徐直諒又浚之。至元二十八年，行樞密院副使廣東道宣慰使阿里又浚焉。……（清水濠）嘉定二年經略陳峴重浚。」[清·康熙]靳文謨《新安縣志》卷十二（知縣李可成條議興革事宜）：「新安城池……往因邊徙，民人散亡，城垣塌。今當展複之會，雖云修葺，實同創興。所謂四門、敵樓無有也，銃台、窩鋪無有也，雉堞則半傾矣，垣墻則半卸矣，壕溝則盡淤矣。是鳩工庀材，捐俸之後繼以典鬻，務使高垣深塹堅壘可守。」[清·康熙]靳文謨《新安縣志•地理志》「城池」條：「崇禎十三年，知縣周希曜因議新增城池，……濠五百九十二丈，舊淺狹，尋浚，闊二丈，深一丈五尺。」

29　《南頭古城考古中期報告》，未刊。

30　2019年在深圳南頭一帶的考古發現很重要，其中有一些佐證材料，待發表。

潤物無聲——
從壇堂義學談到篤信扶乩的教育家黃子律

游子安
珠海學院香港歷史文化研究中心

　　扶乩是仙佛通過乩手向信眾傳達訊息，以達到神人相通的目的，藉天人感應而悟事窮理，是從哲理的方面高度給人以啓發。神靈的啟示可寫文字、作詩詞、繪圖畫、開藥方、談丹功。早期香港道教特重扶乩，近年道堂由以扶乩為中心轉而以人管理的團體。香港道教壇堂善舉主要包括贈醫施藥，濟世利人　　；義學保赤，百年樹人等方面。扶乩對香港社會的影響，不僅選定壇堂建址、為人治病解厄等，對興辦學校與從事教育工作的弟子也曾發揮作用，可說是默默作耕耘，潤物細無聲。本文先從1970年之前扶乩指引辦學說起，包括香港道德會福慶堂、德教學校、嗇色園可立中學等；然後詳述一位前清秀才黃子律，畢生致力於教育，是一位闡揚舊學並啟發新知的教育家，從信仰層面去分析，黃子律是深信扶乩且設家族乩台的關帝信仰者。

一、壇堂興辦義學

　　香港開埠後，中環文武廟、灣仔北帝廟等均曾一度是地區華人議事中心，不但仲裁糾紛，判辨是非，更辦有義學，服務華人子弟。義學即私人募集款項，為公眾所設免收學費

的學校。1880年，東華醫院在文武廟旁為貧苦兒童開辦義學，到1928年東華義學已增至21間。[1]1909年孔聖會義學創立於大坑，收容貧窮子弟，「書館街」之名由此校而來。[2]1949年魯班廟廣悦堂義學夜校，於灣仔興辦。香港道教團體興辦教育的歷程，一直與香港社會的發展息息相關。1950年之前，壇堂辦學以先天道派較早，1928年，香港道德會已在西環太白台會址創辦義學。香港道德會福慶堂於1924年成立，奉祀孔子，其支洞善慶洞於1931年建立，奉祀玉皇上帝。福慶堂以講學教化為主，設扶乩與義學。1960年代前福慶堂與善慶洞均十分著重扶乩，而「神人共治」更是善慶一脈自佛山始創以來的特色。1940年當屆會長區廉泉撰《香港道德會碑記》，記述開辦義學以惠貧苦學子：「同人等以教育之興廢關乎治化之隆污，德業不脩，科學不講，無以啟迪後進。今既有基金，自應開辦義學，眾謀僉同，旋即成立以[廉泉]權任義務校長，招收貧苦子弟數十人入校肄業，書籍筆墨酌量贈送，開辦數年頗著成績。……」[3]1940年紅卍字會假屏山達德公所辦屏山慈幼院，收容60餘名孤兒培訓謀生技能，1942年結束；日佔期間，龍慶堂適時應化，開辦兒童工賑院，授予工藝技術。（參見下文：壇堂興辦義學一覽表）此外，曾任香港近代師範學校教師的何廷璋，是1920年代前後先天道派乩手。何廷璋「乃前清貢生，為現代教育先進之鉅子」，[4]1919年侍鸞而成《寶筏尋源》一書，服膺先天道，辭退教職，歸養山林，是麥長天弟子，1929年香港女師範畢業生陳元始記述何老師由「儒學而參道學」：「吾師

1　有關東華義學，詳見東華三院檔案及歷史文化辦公室：《源與流的東華故事》，香港：東華三院，2014，頁75-78。

2　孔聖義學學校結束後，曾借給不同學校使用，至2010年空置。其後發展局將之納入第四期活化歷史建築伙伴計劃，2015年交予大坑坊眾福利會活化為火龍文化館。

3　《香港道德會碑記》，1940年香港道德會會長區廉泉撰，筆者拓下碑文後抄錄。

4　《飛霞洞誌》下集卷4，張開文〈總序後跋〉，頁85。

何廷璋，蘊竹柏之懷，……麥師（麥長天——引者）道學也，何師儒學而參道學也，與麥又有師弟之誼，年齒亦相上下。……吾師廷璋，遂離港歸山，而洞誌之纂修，乃畢所願」。[5]1950年代以來，壇堂辦義學以主祀呂祖的青松觀、萬德至善社為著。

　　1951年創辦的萬德至善社，秉承仙聖訓示，亦於五十年代中開始，夏則施醫藥，冬則賑貧寒，更於1964年辦漢東義學，1963年在橫頭磡天台創辦可容男女學生共360餘人的萬德學校，橫頭磡天台小學以壇訓「純正廉明」為校訓，以道化教育開導蒙童，並紓緩當年嚴重的學童失學情況。1960年代以後，先天道分別在跑馬地與深水埗開辦智修、智德等義學，由先天道總會津貼。1950年創辦的青松觀，承襲祖壇廣州至寶台慈善會傳統，亦實踐呂祖慈悲濟世之懿旨[6]。除了贈醫施賑，早於1957設立免收學費的義學（青松學校），初在九龍窩打老道，嗣遷汝洲街，學生最多時逾三百人。除免收學費外，每年並贈給校服兩套、文具等。[7]青松學校校歌亦甚具特色，為《青松學校九美德歌》，九美德來自呂祖訓言。香港的道教徒尊崇九美，源自清末《呂祖真經》。（圖1）青松辦學宗旨，以「尊道貴德」為校訓，並發揚「九美德行」：

忠以盡職責　孝以奉尊親　廉以養儉德
節以保貞操　義以制事宜　信以立交道
仁以待人物　惠以服人群　禮以盡謙恭

《青松學校九美德歌》歌詞如下：

純陽大道，救世南針，忠孝廉節義信仁。

5　《飛霞洞誌》下集卷4，陳元始〈跋洞誌後〉頁76-77。《飛霞洞誌》收錄陳元始多首詩詠，見下集卷4，頁9-11；頁50-51。

6　〈青松仙觀辦善舉十年〉，收進易覺慈編《寶松抱鶴記》，雲鶴山房，1962，頁325-327。

7　青松義學圖片、文字，見香港青松觀編印《善若青松：青松觀六十周年回顧.》，2009，頁16-17；140-141。

合之惠禮，九美修心，化度人群返天
真。

青松設校，培育童生，教循九美作完
人。

先自篤行，宣化眾生，轉移世道現卿
雲。

圖1　《青松學校九美
德歌》，《青松
觀慶祝純陽呂祖
師誕生一一七四
週年紀念特刊》
，1972年出版，
頁21。照片由青
松觀提供。

　　青松觀主辦的中、小學，校歌沿用至
今。自1971年起，香港實行小學免費教育，
道堂結束停辦義學。香港道教聯合會、嗇色
園等團體致力統籌興辦幼稚園、小學、中學
等各級學校。乩的作用，於叩立中學命名可
見。本文提及壇堂興辦義學，附表如下。

壇堂	義學名稱及位置	年份
香港道德會福慶堂	西環太白台會址創辦義學	1928年
香港德教總會	德教學校，附設於德輔道西294號德教會內	1948年
青松觀	創辦義學（青松學校）初設於九龍窩打老道，嗣遷汝洲街	1957年
先天道香港總會	智修學校、廣德學校（跑馬地、深水埗）	1960年代
萬德至善社	在橫頭磡天台創辦萬德學校 漢東義學	1963年 1964年
紫香閣	石澳紫香學校	1967年

本文提及壇堂興辦義學一覽表

二、扶乩信仰與興辦教育：可立中學命名與德教學校

　　1961年，嗇色園組織「成立籌建學校委員會」，與「成
立社團法人註冊小組」，從施藥贈醫，到配合社會需要開展
包括教育、敬老撫幼等各項服務。饒有意味的是，作為這個

圖2　經扶乩儀式，由仙師命名的可立中學

飛躍的開端──可立中學的命名，卻是以傳統的扶乩儀式，由仙師賜予的。（圖2）而日後嗇色園開辦的教育、醫療等社會服務，如可蔭護理安老院、可風中學，皆以「可」字命名。可立中學是嗇色園主辦的第一所中學，經多年的籌備及建設，直到1969年9月1日，可立中學正式開課。[8]
此後，先後開辦了二十多所學校。嗇色園普宜壇最後一任乩手：衛仲虞（1889-1974），也是教育界中人，一位任教九龍華仁書院及香港華仁書院的英語科老師（1924至1932年在九龍華仁書院任教）。有說九華的首任校長，是衛仲虞先生。[9]
可立中學由仙師乩示命名，或由衛仲虞侍鸞。

　　德教是現代跨地域的華人宗教善團，近代的德教是1939年在潮陽成立，1947年，一群由潮陽至港的商客，創辦了德教首個壇堂紫苑閣，正式開始了德教在港的傳播。1948年注冊成立香港德教總會，及後紫香、紫靖等二十個閣加入總會。[10]德教總會組織南北行商人，出資建立了一所「香港德教總會德教學校」。據1966年刊行的《香港德教紫靖閣特刊》，內有該校第十三屆畢業典禮、懇親會集會等留影相

8　游子安主編、危丁明、鍾潔雄撰文《香江顯跡──嗇色園歷史與黃大仙信仰》，香港：嗇色園，2006年，頁191-196。可立中學由仙師乩示命名的文獻紀錄，見頁122-124。

9　*The Hong Kong Telegraph*,1928年4月27日報道。詳參「九華首任校長：衛仲虞先生」*Chop Suey - Wah Yan College Hong Kong memories*，2018年2月26日。

10　有關德教在香港發展及其善業，可參考本人於中國人民大學宣讀〈香港德教團體的善業〉一文，第二屆慈濟論壇──佛教與慈善，北京，2012年11月3日至11月4日，http://www.tzuchi-org.tw/doc/2012tzuchiforum/3_3.pdf, 擷取日期：2020年11月30日。

片。[11]扶鸞乃德教會特色，柳春芳嘗降乩於德教總會，指示
「德教學校務宜整肅」。[12]有關德教總會早年著重文教及始
創過程，有如下記述：

> ……於三十七年五月十八日呈准華民政務司
> 備案，成立以來，對於贈醫施藥，施棺贈塟，施贈
> 棉衣等善舉極為努力，頗著成績，為闡揚我國固有
> 道德，歷次敦請名儒宣講道德真諦。近月遷址德付
> 道西二九四號三、四樓，因地方宏敞，特闢三樓一
> 層，創設德教學校，培植英才。現第二屆理事長陳
> 庸齋，副理事長陳守智，監事長林邦祥。[13]

　　1948年，德教學校附設於德輔道西294號德教會內，編
制為中學小學，1966年校長是林萬任。[14]1960年代，紫香閣
於石澳村建分閣，又在石澳創立學校，在馮公夏的大廈單位
中，約有20多張桌子、20多位學生，多為漁農子弟，強調「
遵師指示，專收貧童」。[15]1967年《德教紫香閣新廈落成碑
記》載：「……本閣同人奉　師尊之訓諭，廣推善行，夏施
藥茶，冬贈衣被；……創辦紫香小學，培育貧童；啓建盂蘭
法會，超度孤幽……」。「石澳紫香學校」由唐大信先生打
理學校，三數年後因人事變動而結束。[16]

　　談到香港德教會興辦教育，不得不提陳庸齋，可見辦
學與扶乩之關係。陳庸齋創德教紫蓉閣，香港德教總會創
辦時，陳庸齋（1889-1958）積極參與，是總會第二屆理事

11　《香港德教紫靖閣特刊》，1966年刊，頁47-48。

12　柳春芳降於甲辰年（1964），《香港德教紫靖閣特刊》，1966年
　　刊，頁102。

13　王齡編《香港潮僑通覽》，香港：中央印務館承印，1949，頁13-14。

14　《潮僑通鑑》第二回，香港：潮州通鑑出版社，1965-1966，頁13。

15　《香港德教紫靖閣特刊》，1966年刊，頁195。

16　1964年南洋德教總會訪港，石澳紫香學校師生歡迎訪問團相片，
　　見《香港德教紫靖閣特刊》，1966年刊，頁65。

長。1933年至1937　年曾被選為香港潮州商會第9、10屆副會長，1946　年又任香港潮州商會第15　屆副主席。陳庸齋，饒平縣隆都人，在香港皇仁書院畢業後，回鄉擔任成德學校校長二年。[17]1923年奉祖父陳子丹之命回香港從商，在新界屏山買地開闢庸園農場，1932年建永寧村。及後在農場空地開辦香港成德小學和成德英文學校，惠及貧窮子弟，有學生80人，陳庸齋任校長，及後「更合力籌辦德教會，附設義學。……」[18]易明〈香港陳庸齋與德教會〉一文，對陳氏倡設及領導德教會及創辦義學予以推崇和肯定：

> ……氏年來感覺今日國內政治之敗壞，由於芸芸之眾，習染惡端，昧其天良，自私自利之觀念，不能祛除。欲求善政保民，夫何可得？為救中國，於是倡組德教會於本港，任理事長，發揚為善濟世之道德教義，會集同好諸善士，以哲理導眾從善，推而廣之。……德教會在其宣導下，成立經年，創辦義學，教化童齡，置講道壇，勸導為善。他如施贈寒衣，資遣貧僑，亦悉力以赴。氏之事功德業，益為社會所欽佩。[19]

陳庸齋在地方之事功德業，還有一例。位於屏山的達德公所，是本港現存唯一專為鄉約聚會、祭祀，以及作為市集管理處而建的公所，1857年建成，1930年代重建，據1939年碑記《重修達德公所紀念碑》，陳庸齋捐銀50元。（圖3）戰後大量潮籍難民湧到香港，陳庸齋接濟收留於永寧村。陳

17　賴連三著、李龍潛點校：《香港紀略（外二種）》（1931年成書于香港），廣州：暨南大學出版社，1997年，第四章〈潮人聞名之采集〉，頁94-95。

18　陳庸齋生平，見〈庸齋先生事略〉，《旅港潮州商會三十週年紀念特刊》，香港：旅港潮州商會，1951；及《香港潮州會館落成開幕香港潮州商會金禧紀念合刊》，香港：香港潮州商會，1971，頁45。

19　〈香港陳庸齋與德教會〉，刊於《潮州鄉訊》第七卷第七期副刊，1950年11月16日。此文由李志賢博士提供複印，謹此致謝。

圖3　陳庸齋支持地方之事功，見1939年《重修達德公所紀念碑》。

庸齋或曾任乩掌，1958年陳氏仙逝後，停鸞一段時間，乙巳年（1965）曾隨柳春芳、濟佛師尊降鸞：

> 乙巳年三月十九晚戌刻，適紫靖閣乩期，是晚，柳師與濟師降鸞訓示。帶同隨童成德，蒞壇顯化。（成德師兄即本港乾泰隆行船務部前任經理陳庸齋先生，曾任香港德教會首屆會長、建樹殊多。）而成德師兄歸仙之後，停鸞已久。[20]

陳庸齋歸真後降賦新詞30首，每首四句。其中一首提及家鄉隆都與永寧村辦學事宜：

> 吾因成德把教施，今日歸真不足奇。
> 昔歲隆都當校長，屏山興學亦非遲。

1930年代陳氏屏山興學，今天屏山只剩下庸園路而

巳。1930年前後，鄉居辦學育才的還有黃子律老師。

三、黃子律生平簡介及創辦鐘聲學校

　　黃子律（1878-1960）廣東寶安人，光緒辛丑「小三元」。黃子律、建五父子皆崇祀關帝並篤信扶乩。一般只知黃子律是地方有名的教育家，也是新式教育推動者，三代皆在元朗地區辦學。然而，除了創辦鐘聲學校及推動新界女子教育，黃子律崇道也尊孔，還虔信關帝諸神祇，皈道灣仔從善堂，並篤信扶乩並常叩問仙方。子律先生哲嗣建五編《先父鐘聲公年譜》特提及，1937年黃子律時年57歲：降乩，「我家乩壇，便告開始」[21]及黃子律〈感恩記〉也詳載：子律妻子「忽閉目合什喃喃自語，叩問何神下降？以指書空齊天大聖」。黃子律知是有神下降，翌晚「陳設乩台，以覘其效果。爾奮筆疾書「關雲長」三字，筆勢飛舞，非荊妻書法所能及。少頃，齊天大聖、呂祖先師先後降臨，叩以各人因果，乩示行善，自有好報，此為吾家乩台之嚆矢。自是以後，遇事遇病輒開乩以決疑焉。」嗣後開乩凡二十多年。我們對黃子律這位前清秀才、學生心目中的老夫子、敬惜字紙的「頑固者」，有更立體而多方面的認識。

　　　黃子律，字乾初，號子律，庠名鐘聲，廣東
　　寶安上沙頭村人。三歲喪父、四歲分家，家無長
　　物，只有《關帝明聖經》等善書數本，及長已時
　　虔誦。幼時在姊夫鄭紹才秀才館內讀書，後來由
　　仲兄黃吉雲以家學督導。一人連得三案首為小三
　　元，黃子律於縣試、府試、院試名列第一，稱為
　　案首，因而黃子律有辛丑（1901年）「小三元」

21　黃建五編《先父鐘聲公年譜》，文存鈔本一。2016年鐘聲學校於
　　校內另闢文物廊，珍藏黃子律及鐘聲創校以來文獻文物，文物廊
　　所展示之《黃子律秀才年譜》，將「年57歲：降乩」這段刪略。

之稱，黃子律時年二十四歲。1902年科考，獲一
等第四名。《黃子律先生自書詩稿》一書（1976
年編印），是了解黃子律主要資料，收錄黃子
律詩作，書後附黃劍白、建五昆仲撰〈先嚴
行狀〉。〈先嚴行狀〉載：「光緒二十七年辛
丑，先嚴應歲考，……以小三元補博士弟子員，
翌年科考，宗師朱祖謀取錄一等第四名」。甲辰
（1904年）歲考，取錄二等第二名補增，翌年詔
廢科舉。1924年黃子律因避戰亂從國內遷居新
界，及後鄉居作塾師。1927年，於屯門五柳學校
（1954年前，學校校址位於陶氏宗祠）任教，翌
年轉教紫田美善學校、達德等校，黃子律畢生致
力於辦學育才，與兒孫四代人服務於鐘聲學校。
黃子律晚年，嘗任博愛醫院復院第三屆主席（戊
子1948-49年）、香港黃族宗親總會顧問，及歷任
元朗公立中學校董。乙亥十二月十五日（1960年1
月13日）黃子律以遘胃疾逝世。[22]1976年黃子律百
齡明壽，子孫在青松觀舉行功德超薦。（引自《
黃子律秀才年譜》，見於鐘聲學校校內文物廊）

　　鐘聲學校於1934年由黃子律秀才一手創辦，是全港首
間註冊的政府資助小學，命名鐘聲學校，係創辦人入學之
庠名，乃表示平旦鐘聲之意。清代一部善書，書名亦顏曰
《平旦鐘聲》。[23]最初「私立高小鐘聲學校」創辦於元朗大
橋村，租賃平房，教授新式課程。（圖4）1938年又增設女
校，「私立鐘聲女校」設於舊墟南門口，翌年遷往大橋村，
與男校毗鄰。鄉村學校辦學者當中，以個人辦學的為數不
多，多已結束停辦者。現存由個人辦學的鄉村學校，有黃子

22　〈宿儒黃子律逝世〉，刊於《華僑日報》1960年1月14日。
23　見拙著《勸化金箴——清代勸善書研究》附書影，天津人民出版
　　社，1999年，頁234。

元朗鐘聲學校第一屆畢業同學留影
甲戌十二月十四 廿三年一月十八

圖4　1934年黃子律校長與鐘聲學校第一屆畢業生合照（鐘聲學校提供）

律創辦的鐘聲學校及盧恩信創辦的長洲錦江小學。羅慧燕《藍天樹下：新界鄉村學校》一書寫道：

> 學校為私校，課室只有兩間，……「鐘聲」遵照民國政府學制，有別於當時香港市區的學制，即初小四年，高小二年。學校後來得全年約180元政府津貼，分四季領取，大部份用作支付租金和教師薪金的開銷。一般的農村書塾，學生大多沒有校服，較富有的會穿中式長衫，而家境普通的會穿唐裝短衫長褲。30年代開辦的「鐘聲」，黃子律老師也仿照國內的學校讓學生訂造校服了。1938年，增設女校，是為「私立鐘聲女校」，除教授基本課程外，另設「女紅」一科，內容包括刺繡，車衣縫紉及織襪等生活技能，方便女生畢業後謀出路，繼1915年在元朗的真光女校外，私立鐘聲女

校招收女生，是當年推動新界女子教育的先驅。[24]

香港淪陷時期，學校宣告停辦，1946年復校，及後籌建新校，於1957年告成於大陂頭。1953年，黃子律以高齡七十三歲退休，得兒子黃劍白、建五兄弟支持，仍以董事長兼建校委員會主席發展學校，但因工程興訟，1959年秋才接收校舍，黃子律於1960年初辭世，惜未能親睹新校舍落成和開幕，學校亦因而取消所有開幕慶祝儀式。八十多年來，鐘聲學校樂育菁莪，育才無數，成為香港教育史別具特色的學校。

四、黃子律虔敬關帝之著述〈感恩記〉及黃氏家族乩壇

黃子律除了虔誦力行《明聖經》、捐印善書，還輯勸孝戒淫善書《黃子律先生手書勸孝戒淫錄》，卷首收錄〈文昌帝君寶訓〉、〈關聖帝君寶訓〉等篇。黃子律更以《小楷三聖經》為獎品，勉勵學子。（圖5）黃子律是從善堂弟子，也是香港先覺祠元朗佛堂（源於先天道派的香港同善社）成員，堂中雲集趙聿修、鄧佩瓊等新界地區鄉紳，黃子律與趙聿修、鄧廷耀，分別捐印《三聖經》（即《感應篇》、《陰騭文》與《覺世經》三部受尊崇的善書） 500、200、100本。靈驗記是用感應事例，

圖5　1930年代，黃子律以《小楷三聖經》為獎品，勉勵學子。八十多年後的今天，頗難想像。

24 詳參羅慧燕《藍天樹下：新界鄉村學校》，香港：三聯書店，2015，頁133-135。

以證明善書道理，務求信而有徵。靈驗記或稱感應錄、徵驗錄、應驗錄，以勸戒世人，導人為善去惡。靈驗的事跡，常按延年益壽、疾病治癒、得子嗣、得功名、得財富等分類編集。黃子律自幼誦讀恪遵《明聖經》，奉行《文昌功過格》，多次患病得癒，轉禍為祥，著述〈感恩記〉一文，乃感謝關帝神恩庇護而作的「靈驗記」，載於《子律黃先生哀思錄》，1960印。以下引用黃子律兄、母、及自己三數例子，以資說明黃子律虔禱關帝而感恩得庇佑之事蹟。

黃子律少孤，事兄如父，由年長十歲兄長吉雲督課，（子律處境豐時，曾貤封吉雲儒林郎六品直隸州州同銜，以報作育之德；吉雲逝世後，曾降臨乩壇）黃子律追憶約1893年吉雲患病，一面延醫，一面虔誦《明聖經》，及後兄長痊愈：

> 僕三齡失怙，四歲析箸，家無長物，祇有善書數本。嘗持以問二先兄吉雲，蒙一一指示，此為《繪圖二十四孝》，此為《桃園明聖經》，中繪長鬚者為　玄靈高上帝關聖帝君，右為　靈侯太子，左為　周大將軍。甚顯靈，須先盥而後視之。僕謹記於心，以後欲閱之，必遵先兄所訓。至十四五歲，因多病，見《明聖經》內，有「如有焚香諷誦者，轉禍為祥顯聖靈」之句，思諷誦，因功課忙不果。翌年春夏之交，本鄉痘症盛行，死亡無虛日，人有戒心。忽先兄得病，家人惶甚，僕一面延醫，一面虔誦《明聖經》。閱數月，醫師拱手相賀，此乃珍珠痘，百無一二，旬日便愈，果如其言。[25]

黃子律三歲喪父，盡孝事母，無倦無違，虔禱上蒼，祈母永壽。

25　黃吉雲於1941年逝世，享年74歲，見黃子律〈哭兄並序　辛巳〉《黃子律先生自書詩稿》，頁211。

光緒廿四年（1898——引者）戊戌仲冬，先母陳安人忽生一對口瘡。晨起猶行止如常，早膳之際，謂頸項甚緊，視之，見後枕骨中起一紅點，其大如菽，以指抓之劇痛，初不甚為介意，飯罷告而出。迨正午，小婢倉皇走告，安人危甚。……先兄出外卜休咎，僕則浣沐虔誦《明聖經》三遍，並占一簽語：「崔巍崔巍復崔巍，履險如夷去復來；身似菩提心似鏡，長安一道放春回。」看畢心稍定，以簽語必有朕兆。……（及後得尼姑藥方治癒——引者）噫！一日之間，驚喜交集，雖藥之妙，亦神之靈，細味簽語，有如面告，此《明聖經》之念念不忘，而吾母吾兄實感　聖恩之呵護也。[26]

黃子律二十七歲（1904年）患病三年，幾瀕危殆，〈八十生辰書懷〉別具感慨追憶此事：「帝天叨荷遐齡錫」：

僕年二十有七，一病經年，瀕於殆者三，冬至日為生死關頭。旋以四事默禱於文武二帝前，得慶更生。迄今五十三年矣。再生之德，沒齒不忘。[27]

黃子律「病後课躬益密，日必自省辦功過，並焚香告天，今仍恪遵《明聖經》宝训，守《功過格》弗怠」。[28]此外，〈感恩記〉還記載，1907年，黃子律得關帝廟簽文開示，獲中山票頭獎，得一萬多餘兩，從此得解貧病之厄。

黃子律的信仰也影响家族後人，從事新聞採訪和編輯工

26　黃子律〈感恩記〉，載於《子律黃先生哀思錄》，1960，頁40-41。

27　《黃子律先生自書詩稿》，頁257，另見頁237也追憶虔禱於協天大帝而病癒。及頁10〈足病初愈有感而作並序〉。

28　香翰屏撰〈壽屏序〉，《黃子律先生夫人八秩晉二榮壽雙慶詩文集》（封面由黃麟書題於己亥，1959），頁10。

作的張帝莊，提及爸爸的外公是黃子律，張帝莊在鐘聲學校上學，學校禮堂與家中同樣有黃子律的照片。張氏憶及祖母每天拜關帝、誦關帝經，黃子律等祖先照片與關帝神像並祀，祖母與爸爸一家信奉關帝，不吃牛肉，「至今相傳勿替」。[29]2019年7月19日，筆者與鐘聲學校張帝弼校監（2009-2013年在任）訪談，張校監憶及外公黃子律因體弱多病，日日拜關帝，念關帝經；母親家中奉關帝畫像，「帝弼」此名，亦由外公所改，祈求聖帝指引和庇佑。[30]

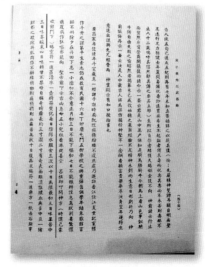

圖6　1928年黃子律因瘡患，命兒子建五先後兩次到從善堂向呂祖叩問藥方。見〈感恩記〉，《子律黃先生哀思錄》。

　　從善堂創立於1896年，奉玉皇大帝為主神，是香港年代可考最早期創立壇堂，道堂多印善書，並乩示藥方予坊眾人士求取醫方。[31]黃子律入道從善堂。1928年黃子律因瘡患，命兒子建五先後兩次到灣仔從善堂向呂祖叩問藥方，〈感恩記〉一文，黃子律自言當時已「蒙收錄門下」，服藥後病癒。[32]（圖6）據其子黃建五所述，

29　張帝莊〈每人都記載了一個小宇宙〉，文刊《星島日報》「名筆論語」，2014年12月8日。

30　張帝弼，1939年出生，廣東深圳湖貝村人，2009-2013年任鐘聲學校校監。黃子律育有三子五女，帝弼母親是黃子律長女翰華，帝莊是其兒子。訪談於2019年7月19日進行。

31　有關從善堂，詳參拙文〈救劫濟世 香港從善堂之經書與善業 1896 1936〉，文載蕭國健、游子安主編《1894-1920年代：歷史鉅變中的香港》，珠海學院香港歷史文化研究中心、嗇色園出版，2016年5月。

32　黃子律〈感恩記〉，載於《子律黃先生哀思錄》，1960，頁44；黃建五〈記我的父親：小三元——黃子律〉，《大成》第101期，頁51-54。

圖7　戊戌年黃子律
　　　家族《乩文》簿

黃子律是從善堂弟子，與創辦人黃德仁相熟。[33]子律先生哲嗣建五家中藏書，印有「惺惺齋藏書」。除了保存《關聖帝君明聖經注解》、《呂帝仙方》、《文昌玉局心懺》、《驚迷夢》（1924年版）等多種善書，黃氏身為從善堂弟子，也藏有《普度誕期簿》，是從善堂之道堂神誕表，這部冊子也記載了其歷史和善業，如七月初五夕「恭祝梅葊紀念從善堂」；八月十五夕「恭祝西宮玉闕玉皇宮主千秋」；十二月初二夕為「從善正全堂首創紀念」[34]。香港從善堂內供奉七位神明的神牌：玉皇、玉皇宮主、玉皇太子及三聖（文帝、關帝、呂祖）、輔法蒼穹帝君等。

　　黃家乩台之嚆矢，始於1937年，即前後歷二十多年。自1937年黃家設乩台問事，筆者所知現存戊戌（1958）《乩文》簿，封面編號「其十八」，收錄戊戌七月至己亥十一月（1958-1959年）黃家乩文。（圖7）《乩文》簿記載，香港從善堂主祀玉皇、玉皇宮主等神明降乩黃家。以下摘錄數則。

　　（1）乩文簿所記，降乩神明

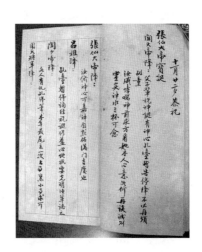

圖8　降乩黃家神明包括關
　　　帝、呂祖、張仙、關
　　　平、周倉等，戊戌年
　　　《乩文》簿。

33　訪問自黃建五先生，1995年9月16日訪問於元朗仁翠苑建五先生家中，案：建五先生於2006年逝世。

34　《普度誕期簿》，光緒二十六年刊，另有袖珍本《三期普度列聖寶誕彙編》，光緒二十六年撰序，1946年重刊，頁26及30。此書三十多頁，六十四開本。

還包括關帝、呂祖、張仙、關平、周倉、齊天大聖，黃氏家族乩壇奉關帝諸神，有「家庭乩童」，（圖8）還有已逝世的親人臨壇，如戊戌年（1958）七月二十晚「二伯父到」、「芷湘到」，兩位臨壇者是於1941年逝世的子律兄長黃吉雲及長女婿張芷湘。

　　（2）《乩文》簿記：戊戌年八月十五夕恭祝西宮玉闕宮主寶誕，關帝降：「今晚月明中秋慶祝西宮玉闕寶誕，誠心可嘉」，西宮玉闕宮主等仙神也有降示。

　　（3）戊戌年（1958）十一月初五：「伯父（吉雲）到，藉弟姪輩祈求神佑、叩謝神靈」；十一月廿二夕呂祖降：「乩台暫停，誦經祝誕仍舊，心地祇要光明，汝輩誌之」。

　　（4）己亥年七月廿五夕，黃氏家人因黃子律患病問乩，黃建五憂父親不適，蒙關帝君降臨指示，呂祖亦降「靈符治病厄，不用驚慌」。

　　扶乩與學校興辦以至遷徙，還有其他例子。例如私立愛群學校，由衙前圍村吳氏宗祠辦學，校長張其炘。[35]張校長是圓玄道侶，道號「道寧」，自1962年任圓玄學院董事會，直至1972年，並任圓玄、玉清宣道職。[36]現存1953-1965年圓玄學院壇訓，由張道寧道長珍藏，交與其妻李玉真（皈道於玉清別舘）保存至今。（圖9）癸卯年十二月十二日（1964年1月26日）壇訓，張道寧乩叩：愛群學校拆毀在即，應如何應付？學校拆前一星期張道寧求藥方，濟佛皆示之甚詳，拆校一問，濟佛用事物「有造有化」比方以釋其懷：「……比之汝所創學校言之，其創也始，即造也；其微末之運，運而當化，即化也。化即造，造亦化，此循環之理也。……」。1972午，張道寧羽化，呂祖示：「綜其一生，純厚善實，

35　民初從祠堂演變到村校不乏例子，如五柳堂為屯門陶氏的宗祠，康熙五十七年　(1719年)建立。清末民初年間，陶氏宗祠五柳堂設私塾上課，是為五柳學校，當年曾聘請黃子律老師任教。

36　案：入道圓玄學院者，乾道道號「道」字，如楊永康，道號道信；趙聿修，道號道本。

有儒者風範，……為勵來茲，特追錄張道寧為五級護法。」[37]

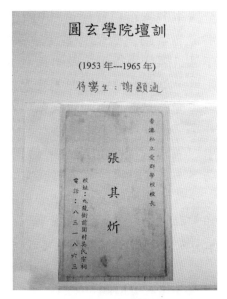

圖9　1953-1965年圓玄學院壇訓，由張道寧道長珍藏保存。張道寧是張其炘入圓玄之道號，張氏任愛群學校校長，學校設於衙前圍村吳氏宗祠，張校長深信扶乩指引。壇訓與張校長名片，謝傳清道長（謝顯通哲嗣）提供。

五、小結

扶乩信仰與興辦教育是饒有意味的課題。乩手「代天宣化」，教師春風化雨，皆潤物無聲。兩者關係於1970年之前尤為密切，如德教諸閣、主祀呂祖以乩治壇的青松觀、萬德至善社，皆先後興辦義學；可立中學經扶乩儀式由仙師命名。了閒壇諸子尤多學問中人，李元炳教授一生從事教育，並任壇之左鸞生；而任教九龍華仁書院的老師衛仲虞，更是嗇色園普宜壇最後一任乩手。即使近二十年，仍不乏乩文指引辦學事例，香港道教聯合會飛雁幼稚園／幼兒中心創立於2001，[38]此緣於乩文指示。2000年，飛雁洞接到呂祖乩示，「傳道覺世，興學育才，培育出匡時輔世，立己達人之士為要。」[39]此外，信善玄宮及信善紫闕玄觀自1993年，在

---

37 1966年，濟佛另示張道寧夙根，見《五十年來呂祖靈應事蹟》，謝傳清編註，明善學院出版，2020，頁223-224；265-267。

38 飛雁洞由18位創辦人於1980年在香港觀塘創立，創辦時尊奉慈航真人、孚佑帝君、文昌梓潼帝君及關聖帝君。

39 〈新世界理想，九美教育〉，載於《福報》第十期，第二版。2001年11月4日。

全國十多省市興建超過100間希望小學和中學，並成立「香港道教紫闕玄觀信善基金」，救災扶貧。此善舉亦遵1992年呂祖師乩文指引，及貫徹其立壇宗旨。信善紫闕玄觀立壇宗旨，尊師重道，以九美德為本，設乩壇扶鸞普救，代傳聖道，度人向善，並贈醫施藥，為香港及國內，作一切社會公益事，建設學校、非牟利安老院，繼而興建醫院等等。

黃子律是一位出身於傳統學術訓練的前清秀才，既有功名、服膺善書；又入從善堂，篤信扶乩。入民國時期，不囿於舊學的藩籬，畢生致力於教育，以「培植舊學、啓發新知」為辦學理念，創鐘聲學校；1938年又增設女校，提倡女子教育，教授新式課程，切合時宜，實屬難能可貴。我們也要瞭解黃子律一生經歷的信仰根本：自設乩壇、編印善書、崇道尊孔、敬信關帝。

六、後　記

本文寫成，承蒙鐘聲學校多位前賢、親友協助並提供資料：1953-1971年任校長的黃建五先生、1971-1997年任校長的黃允中先生、2009年至今任校長的王玉麟先生、自1982年任教至今的家姊游婉貞老師、鐘聲學校就學的張帝莊先生；及鐘聲學校張帝弼校監（2009-2013年在任）。王校長與張校監導賞校內文物廊，裨益甚大，筆者銘感於心。

淺談香港早年的兒童遊樂場

馬冠堯

香港大學房地產及建設系

　　相信大部份香港人的童年都去過兒童遊樂場，香港兒童遊樂場如何源起，最初的地點、面貌和遊戲是怎麼？它的發展又怎樣？這是本文欲回答的問題。至於時段，筆者選取了港府對兒童遊樂場管理納入社會福利政策下為終結，這過程並沒有一明顯的交接點，因此選了將室外活動轉至室內活動，和開始加強腦筋活動作為完結。選擇當然不完美，但亦可看作一階段性的故事陳述。

世界兒童遊樂場的起源

　　兒童遊樂場的概念據說是源自德國，而首個為兒童建造的遊樂場是在英國的曼徹斯特。筆者未能找到出處和詳細情況，因此只能當傳說看待。美國兒童遊樂場就始於19世紀末。

19至20世紀初的香港兒童

　　香港最高法院於1844年成立，審詢的首宗案件是拐騙婦女[1]，湊巧的是拐騙婦孺案竟成為香港往後百年的社會問題。1865年政府立法(Ordinance No.4 of 1865, An Ordinance to consolidate and amend the Enactments in Force in this Colony relating to Offences against the Person) 防止買賣婦孺作不道

1　*The Friend of China* 5 October 1844

德行為，並禁止偷拐十四歲以下兒童，違者送監。1873年亦立法 (Ordinance No. 6 of 1873, An Ordinance enacted by the Governor of Hong Kong with the Advice of the Legislative Council thereof, for the better Protection of Chinese Women and female children, and for the Repression of certain Abuses in relation to Chinese　Emigration)違法範圍延伸至出口境外。廣東與香港邊境模糊，華南人出外掘金必經香港，形成兩地拐騙婦孺都集居在本地。政府沒法阻礙華南人出入，因此採「隻眼開隻眼閉」政策，真正解決現實問題就落在宗教團體身上。被拐騙到港婦孺一旦被揭發，滯留香港，日字樓孤兒院 (Diocesan Home & Orphanage)、巴色會(Basel Mission)、維多利亞孤兒院 (Victoria Home & Orphanage)、西角養正院 (West Point Reformatory) 和巴陵孤兒院 (Berlin Founding House) 等宗教組織就各自擔起教育、職訓和懲教婦孺工作。1878年倡立的保良局 (前身是保護婦孺協會) 也只是將蓄婢(俗稱妹仔) 合法化。社會到20世紀初，外籍人士不忍看到兒童背起比身體更重的貨物步上山頂，多次在報章上大力批評。繼而英國亦立了法例保護兒童 (Children's Act 1908)，本地一場保護兒童運動就由一位男律師和一位女校長揭開。一次世界大戰後，世界成立了國際勞工組織 (International Labour Organisation)，英國成為會員國，港府不得不回應。

民間對兒童的關注

在香港一般外籍人士的子女要適應悶熱的天氣，又要接受在皇仁書院的教育，很不習慣。於20世紀初要求設立一英童學校。差不多同一時間，因跟隨父親白嘉到港而邂逅到當時任港督私人祕書的梅含理(Francis Henry May, 1912至1918任港督)　而終成眷屬的梅含理夫人為維多利亞孤兒院和真光盲人院的兒童籌款[2]。1903年，一群有心人以輔助兒童

2　*Hong Kong Telegraph* 24 October 1903

圖1　1916年在港督府舉辦的兒童遊藝會　　圖2　港督府舉辦的兒童遊藝會遊戲之一

聯盟(Ministering Children's League) 名義舉辦兒童遊藝會(俗稱賣物會)，除賣物外，還有不少西方遊戲如滑橇(toboggan slide，即後來的滑梯) 和稻草人 (Aunty Sally，以小棍擊人像)供兒童玩樂，相信是香港室外最早的兒童遊戲。當天有十攤檔，雪糕是兒童最喜愛的食物。同場也有以兒童担任主角上演的舞台劇。[3]其後輔助兒童聯盟每年都舉行兒童賣物會(1906年除外) ，地點也有在港督府舉行[4]，見圖1和2。無可否認，社會對兒童確實多了關注。

　　當輔助兒童聯盟為香港的弱勢兒童籌款在1918年突破12,000元時，一位在飛利學校(Farlea School) 任職的必特小姐 (Ada Mary Pitts)首次在英格蘭男士教堂協會(Church of England Men's Society)主辦的講座講述香港童工問題。她亦是首位在英格蘭男士教堂協會講學的女性。她對香港童工問題提出了五點建議：聘請女性工廠督察；立法規管工廠；提倡強制教育；成立更

圖3　寶利 (F.B.L. Bowley) 律師

3　*Hong Kong Telegraph* 24 October 1903; *China Mail* 26 October 1903; *Hong Kong Daily Press* 26 October 1903

4　*China Mail* 18 August 1904

多義學和兒童遊樂場；立法禁止轉售兒童；限制移民。她部份建議獲在場的寶利 (F.B.L. Bowley) 律師支持[5]，見圖3。雙雙攜手推動保護兒童運動。

童工糊口還是奴隸？

外籍人士對弱勢社群的關注在今天看來是平常不過，但在20世初的香港就有不同看法。華人有蓄婢習俗，非短時間可以改變。社會低層人士以勞力換取僅可糊口的生活費，他們根本無法負擔子女入學費用，工作時只有攜同子女一起，以防拐帶，又可幫手工作賺錢，是迫不得已的方法。香港的教會、教育和正義之士，皆認為政府要先立法管制不合理的情況，走出第一步。官員深明社會狀況，認為徹底解決方法是設立更多義學，讓兒童入學，問題自然會逐漸消失。在香港的英國人一向懂得利用傳媒、本地協會、建制渠道和法庭向港府爭取權益。若效果不佳，更可向英國國會質詢，給壓力殖民地部。在保護兒童權益上，雙方看法不同，但在維護和保障香港經濟、華人習俗和婦孺前提下，官民仍可合作找尋一空間平息事件，且看這群本地英國人如果利用上述的渠道向港府施壓。

保護兒童運動

必特小姐於1918年12月的講座揭開了運動的序幕，1919年3月，寶利再在英格蘭男士教堂協會講述童工問題，協會更通過一系列建議提交行政和立法兩局。在通過這些建議時，任職華民政務處的史高飛 (W. Schofield) 憑熟悉華人習俗以驚人評語說出同胞不了解香港華人對童工的看法。例如他說搬貨上山頂是有益健康，他們腦內只有完工時收下的一毫工資。免費義學對低層父母送子女上學是毫不吸引，原因

5　*Hong Kong Daily Press* 19 December 1918

是家庭少了一收入來源[6]。他雖然不代表政府，但亦可略知當時華人和官員的心態。討論中，會員亦提到卜公花園沒有兒童使用者，只有幾位老人，是物未盡用。寶利又於1919年5月的潔淨局 (後來的市政局) 會議中討論小組報告包括童工年齡和防止工廠擠迫情況，提出動議修改當時的公共衛生和建築物條例 (Public Health and Building Ordinance) 第16款，賦予潔淨局權力立附例，禁止工廠或工場聘用14歲以下童工每天工作超過10小時除潔淨局批准外；內容亦包括禁止任何人聘用13歲以下童工，並根據他們的身體情況做有危害他們生命、四肢或健康的工作的懲罰；工人工作空間意應有250立方呎。他亦引國際勞工會議所提出的工人每天工作八小時，每週工作六天[7]。香港在戰後有「朝九晚五」一「口頭禪」，每天工作八小時由此而來。潔淨處認為鑑別童工年齡和誰是僱主在執法上有很大困難。香港工廠多改自住宅，若十呎樓底，每人25平方呎是奢侈。議員在互相讓步下，將一些字眼修正，達成共識向政府建議修例。政府收到建議後，因觸及商界和華人社會的習俗，唯有按兵不動。1919年9月，駐港一名英軍希士活 (Lt. H.L. Halsewood) 的太太致函報章，抗議港府對保護兒童運動無動於衷，指出第一步的登記制度必須立刻推行，對奪取兒童權益的一切必須停止。她呼籲有良知的英國人支持她向英國國會反映本地兒童的真實情況，提供更多資料[8]。事件引至她軍人的丈夫被港府警告，夫婦兩人因此走上保護香港兒童運動的不歸路，其後更將事件記錄成書[9]，為香港蓄婢運動歷史提供了一手資料。同年12月，山打士醫生 (J. Herbert Sanders) 致函報章，親述見到一名9歲兒童

6　*Hong Kong Daily Press* 5 & 6 March 1919

7　*South China Morning Post* 27, 28 & 29 May 1919

8　*China Mail, Hong Kong Telegraph* 4 September 1919

9　Lt. Comdr.& Mrs. H.L. Haslewood, *Child Slavery in Hong Kong, the Mui Tsai System* (London: The Shelton Press, 1930)

背着25磅沙行上山頂，促港府跟進事件[10]。1920年4月，支持
運動人士轉到法庭，1907年到港執業的柯巴利 (George Ernest
Aubrey) 醫生在山頂目睹一婦人帶同三名男孩背着建築物料 (
其中兩位是11和13歲)，兩位背上60磅沙，一位背上32磅石
灰。他報警，婦人在庭上承認聘請童工，工資16先一斤。警
方在庭上亦直認若兒童不做，他們會餓死，若婦人被收監，
兒童一樣會餓死，希望裁判官警告了事。裁判官認為醫生和
警方做法都無錯，問題是60磅對童工是否超重，因他見到有
時童工表現不是太吃力。裁判官警告婦人不要讓兒童背上不
合理重量的貨物後釋放婦人，希望華人社會得知訊息[11]。同
年8月，一名婦人被檢控虐待兩名「奴隸女」 (slave girl)，年
長的女童身體多處受傷。政府醫官在驗傷時指出女童左額被
打傷；口唇被割傷；胸口、腹和背部都佈滿瘀傷和燙傷；左
右兩手從膊至掌佈滿大小不一的瘀傷；左手肘瘀傷和浮腫；
右鼠蹊嚴重瘀傷；左鼠蹊亦有瘀傷；膊頭有兩皮外傷。女童
在法庭作供時不時哭泣。裁判官史勿夫判罰最高罰款250元
和賠償女童250元，女童交保良局看管[12]。9月，警方起訴一
名婦人虐待兒童，裁判官史勿夫說只能以傷人案處理，由於
受害人傷勢不太嚴重，罰款五元，虐待兒童一事則要交華民
政務司處理[13]。兒童不單在工廠工作，還有在富有人家出殯
時當旗手，見圖4。

　　上面提及希土活太太轉戰國會，由禾約翰 (Col.　John
Ward) 在國會提出買賣養子女質詢，殖民地部回答要掌握多
些資料才可覆實。1920年11月，禾約翰再在國會質詢兩位「
奴隸女」被虐待事件，殖民地大臣回答被告已依法處理而女
童亦安排入了安全地。禾約翰追問港督對居住香港的英國人
所提的建議報告的下落，殖民地大臣回答港督與立法局正在

10　*South China Morning Post* 22 December 1919

11　*South China Morning Post* 17 April 1920

12　*Hong Kong Daily Press* 4 August 1920

13　*Hong Kong Telegraph* 3 September 1920

圖4　圖中可見在富人出殯時幼童赤脚拿着旗

研究中[14]。在香港，寶利於1921年2月又在英格蘭男士教堂協會再講童工問題，會議通過了九項建議，其中一項是增加遊樂場[15]。差不多同一時間，兩位議員祈馬士和大衛信(Thomas Cape, J.E. Davison) 分別在國會質詢殖民地大臣港府對寶利於1919年5月在潔淨局的提議和《南華早報》1920年4月報導柯巴利醫生將苦力童工背60磅沙上山頂兩事的跟進。殖民地大臣回覆港府仍在研究中。另一議員戴維士 (Alfred Davis) 質詢殖民地大臣港府有無條例監管童工每天工作時間，得到答覆是無[16]。　1921年4月，又有議員博差爾 (Major John Dearman Birchall)　在國會質詢殖民地大臣港府是否容許14歲以下兒童每週工作70小時。殖民地大臣回覆港府現時未有法例，港督即將提交報告，殖民地部會慎讀[17]。這群本地英人，在港利用報章、協會、法庭和潔淨局向港府施壓無效，將運動轉至英國國會，港府在壓力大增下，終於在1921年3月成立調查委員會找出工業界聘用兒童情況，並建議是否需要管制和其可行性(Commission appointed to enquire into the conditions of the industrial employment of children in Hong Kong, and the desirability and feasibility of legislation for the regulation of such

14　*Hong Kong Daily Press* 28 December 1920, 25 January 1921

15　*South China Morning Post* 16 February 1921

16　*South China Morning Post* 24 February 1921

17　*South China Morning Post* 23 April 1921

employment)。成員包括羅斯(Steward Buckle Carne Ross)、周壽臣、李丙、麥堅利(Dr. Charles William McKenny)、必特和韋士(Rev. Herbert Richmond Wells)。羅斯剛調任華民政務司,他熟悉新界事務和大清律例,理解華人習俗,故此委任他為主席。周壽臣是華人代表,李丙從事建築,代表建築業,麥堅利醫生是政府醫官,常接觸到低下層,亦可提供虐待專業知識,必特女士和韋士牧師兩位是教會人士,經常協助弱勢社群。必女士是保護兒童運動中堅份子,身份有特殊意思。報告書於10月提交立法局。建議中有三項未能取得一致共識,主要是禁止童工在工廠工作的年齡分歧;禁止童工晚上工作時間和危險工作的定義。要注意的是童工年齡以華人計算方法,即一出生已是一歲,比外國人的算法多了一歲。各行業中只有玻璃廠因高溫和碎片風險而被界定為危險行業[18]。成立登記制度、禁止童工背不對稱的建築物料和每天和每週超時工作時間因在英國國會曝光而獲得一致共識。建議為立法打下基礎。

立法規管

報告書面世近一年,政府才立法管制童工,規例簡列如下:兒童一詞定義為15歲 (即華人16歲) 以下;危險行業定為製造玻璃、爆竹和刨削鍋爐;禁止兒童在危險行業工作;禁止工廠聘用10歲以下童工;禁止任何人聘用12歲以下童工搬運煤、建築物料或廢料;僱主僱用兒童時必須有明確詳盡登記;兒童每天(24小時)工作不准超過9小時;兒童每天工作不准連續超過5小時;兒童每7天工作必須有1天休息;兒童搬運物料不可超過40斤(53磅);違者最高罰款250元和監禁6月。立法局在討論草案時周壽臣議員批評草案會令窮苦家庭失去收入,只會苦上加苦,窮苦父母要上班搵食,根本無暇照顧沒有工作的子女,子女必會在街上學壞,他預測年輕罪

18　*South China Morning Post* 28 October 1921

犯必定增加，唯今之計只有政府鼓勵社會開辦更多義學。博特 (H.W. Bird) 議員認為建義學是不切實際，若每區少於一間，兒童車費誰付？他問10歲以下的兒童由誰看管？他批評庇利羅氏養正院的失敗，但支持聘用女性工廠督察[19]。署任港督承認草案有美中不足，因這是各方互讓下的共識，社會必須踏出第一步。他只能向議員承諾盡力改善教育。法例是1922年第22號，名為規管行業聘用兒童法例(An Ordinance to regulate the employment of children in certain industries)，於1923年1月1日生效。查1922年有429間華文學校，學生21,000人，到1928年已增至658間，36,642學生。政府亦有津貼一些認可學校如東華醫院辦的學校。

　　法雖立，但在現實生活中，執法一點也不容易，單是年齡的準確性就令執法者感到很困惑。商人和窮苦的父母亦有對策，筆者於60年代初在工廠當暑期工，經常遇到要「走鬼」的情況，即當有工廠督察巡視工廠時，我們幾個小黑工就會被安排到樓下的地方等候，待巡視完畢後才可返回工作崗位。施其樂牧師評論這條法例為：「第一條兒童勞工法例已立法，但執法是另一回事！」[20]畢竟這是社會對低下層兒童關注的第一步，而輔助兒童聯盟每年舉行的賣物會，也做就了一批幸運的兒童可以享受到遊嬉的快樂。

最早的兒童遊樂場

　　上文提到輔助兒童聯盟每年舉行的賣物會在義勇軍檢閱場或港督府提供遊戲供兒童耍樂。這兩西方遊戲後來發展成為滑梯和擲樽。1903年的兒童遊樂場可謂是臨時性。到1908年，另一臨時兒童遊樂場設在英軍艦上，根德號(H.M.S. Kent)在香港渡聖誕，軍人利用船上的絞盤做氹氹轉遊戲供小

19　*South China Morning Post* 29 September 1922

20　Carl. T. Smith, The First Child Labour Law in Hong Kong, in *Journal of the Royal Asiatic Society Hong Kong Branch*, Volume 28, 1988

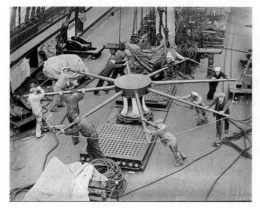

圖5　船上的絞盤可做氹氹轉遊戲

童玩樂，見圖5。1911年8月慶祝英皇佐治五世登基紀念委員會討論如何處理剩餘經費，報章建議可用於興建九龍兒童遊樂場。[21]可惜大會討論時沒有採納[22]。

漆咸道兒童遊樂場

1913年九廣鐵路已通車數年，九龍人口增加，《士蔑西報》認為九龍沒有遊樂場，是時候興建。[23]差不多一個月後，該報報導港督已命工務局選址，很快便會在漆咸道開工，遊樂場面積300呎x 50呎，鋪草地，嘗試種植遮擋太陽光的樹，設座位，有鐵絲圍欄。該報批評地點太近鐵路，帶來黑煙和灰塵，樹始終不及棚蓋實用，提議遊樂場應設沙池，只供西方兒童使用。[24]政府分階段落實計劃，1913年以563元先做地盤整理[25]，1914年種樹，但被指樹要幾年才成長，[26] 1915年安裝座位和維修草寮，花公帑165元[27]。1916年立法局討論財務建議，提議漆咸道細小的兒童遊樂場加建涼亭以防雨和減低熱氣，圍欄亦種植可遮陰的樹。[28]計劃獲得通過，涼亭面積57呎×20呎，結構以柚木和梗木組成，瓦頂中式設計，其旁是藍磚建成的

21　*South China Morning Post* 22 August 1911
22　*South China Morning Post* 6 September 1911
23　*Hong Kong Telegraph* 18 March 1913
24　*Hong Kong Telegraph* 15 April 1913
25　*Report of Director for Public Works for the year 1913*, item 138
26　*South China Morning Post* 20 June 1914
27　*Report of Director for Public Works for the year 1915*, item 152
28　*Minutes of the Legislative Council Meeting dated 31 October 1916*

廁所，水廁供男女小孩所
用，建造費3,500元，後
因物料價格上升，要追加
1,200元，合共4,700元[29]。
圖6是漆咸道兒童遊樂場，
可見涼亭和廁所。

圖6　右方是漆咸道兒童遊樂場

九龍居民協會的努力

　　1920年，新成立的九
龍居民協會派出奇勒　　(J.
Caer Clark)　參選潔淨局選舉，挑戰政壇老人哥亞蘭巴士打
(Chaloner Grenville Alabaster)。奇勒提出一系列改善九龍的
政綱，其中一項是改善漆咸道兒童遊樂場，並要求成立委員
會長期跟進兒童遊樂場。新丁奇勒只以27票之差落敗，[30]九
龍居民協會因此自組內部委員會長期監察九龍兒童遊樂場。
政府亦接受九龍居民協會的提議，立刻在漆咸道兒童遊樂場
加設兩鞦韆和「蹺蹺板」，但沙池因衛生問題而放棄，《南
華早報》提議設立「氹氹轉」，報導兒童遊樂場週末滿佈兒
童，並感謝九龍居民協會的工作。[31]

　　1921年，九龍居民協會繼續跟進兒童遊樂場，看中梳士
巴利道的三幅空地，致函港府，要求在三地興建網球場、公
園、曲棍和棒球場和兒童遊樂場。1922年，漆咸道兒童遊樂
場有人滿之患，亞嬤　(amah)　被迫帶小孩到彌敦道玩耍，事
件導至警察拘捕兩名亞嬤。[32]九龍居民協會向政府反映漆咸
道兒童遊樂場的遊戲設施日久失修，對兒童產生危險，工務

29　*Report of Director for Public Works for the year 1915, item 124;
Minutes of the Legislative Council Meeting dated 10 December 1918*

30　*South China Morning Post* 1 May 1920

31　*Report of Director for Public Works for the year 1920*, item 144; *South
China Morning Post* 27 July 1920, 5 October 1920

32　*South China Morning Post* 16 & 17 May 1922

圖7　左方是有了草寮的漆咸道兒童遊樂場

局派員修復，並承諾改善遊樂場如加建遮太陽蓋和鞦韆。[33]
結果政府在1922年加了六個鞦韆。[34]草寮棚蓋則於1923年落
成。[35]圖7是有了草寮的漆咸道兒童遊樂場。1924年政府接納
九龍居民協會的建議減低漆咸道兒童遊樂場外的交通對兒童
構成的危險，將圍欄改善，以免兒童走出漆咸道。[36]又因晚
上使用遊樂場的人士發出滋擾聲浪，政府在遊樂場豎立告示
牌，以中英文列明遊樂場只供兒童使用，而遊戲設施晚上不
開放。[37]與此同時，亦加了六個座椅。[38]

　　1925年，在九龍興建新兒童遊樂場的建議又再在潔淨局
重提，政府以無合適地點為由推卻，議員雖認為中間道是合
適地點，但退一步改提擴建漆咸道兒童遊樂場。[39]在九龍居
民協會的協調下，政府接受擴建漆咸道兒童遊樂場。[40]結果
漆咸道兒童遊樂場增加了290呎，圍欄亦轉為石屎。[41]

　　1926年，由於使用兒童遊樂場的人太多，政府定立使用

33　*South China Morning Post* 19 August 1922, 5 October 1922

34　*Report of Director for Public Works for the year 1922*, item 168; *South China Morning Post* 2 February 1923

35　*Report of Director for Public Works for the year 1923*, item 182; *South China Morning Post* 2 & 12 February 1924

36　*South China Morning Post* 15 May 1924

37　*Hong Kong Daily Press* 16 August 1924

38　*Report of Director for Public Works for the year 1924*, item 186

39　*Hong Kong Telegraph*, *South China Morning Post* 6 April 1925; H*ong Kong Telegraph* 3 June 1925; *South China Morning Post* 5 June 1925

40　*Hong Kong Telegraph* 11 September 1925; *Hong Kong Daily Press*, *South China Morning Post* 12 September 1925

41　*Report of Director for Public Works for the year 1925*, item 189 (f)

兒童遊樂場的規例。規例於1926年11月12日刊憲，現列規例如下[42]：

　　　　未經許可，不可在遊樂場內豎立或張貼告示

　　　　未經植物森林處許可，不可進入遊樂場內豎立或張貼任何告示

　　　　除獲特別批准外，任何人不准攜帶任何貨物進入遊樂場

　　　　衣衫不整，不准進入或逗留遊樂場

　　　　沒有帶上狗帶的狗，不准進入或逗留遊樂場

　　　　凡使用遊樂場的人士，必須保持寧靜，正確和合埋使用設施

　　　　任何人不可把腳放在遊樂場內的座椅上或不可躺臥在座椅或建築物上

　　　　任何人不可割、劃、塗污和損壞遊樂場的設施

　　　　不准13歲以上男士使用任何鞦韆、彈板或其他遊樂場設施

　　兒童遊樂場規例生效後，漆咸道兒童遊樂場的鞦韆在晚上上鎖。[43]

中間道兒童遊樂場

　　九龍居民協會多年來爭取在九龍增建兒童遊樂場，在友好立法局議員普樂　(Henry　Pollock)協助下，在立法局提出質詢，獲政府有條件下承諾在中間道空地增建兒童遊樂場。[44]1929年6月，九龍居民協會與工務局已緊密接觸商討興建中間兒童遊樂場的藍圖。[45]工務局工程師廖候士透露在訊

42　*Hong Kong Government Gazette* No. 610 of 1926

43　*South China Morning Post* 17 February 1927

44　*Minutes of Legislative Council Meeting* 19 & 26 April 1928; *South China Morning Post* 27 April, 19 September1928

45　*South China Morning Post* 12 June 1929

圖8　1950年代的中間道兒童遊樂場　　　　　　　圖9　中間道兒童遊樂場內貌

　　號山腳的兒童遊樂場設計有防止兒童跑出車路、遊樂場部份
地面可容兒童滑輪和踏單車、涼亭、遮陽光地方、男女獨立
廁所、座位、旋轉柱環、鞦韆和「蹺蹺板」，建造估價三萬
元。[46]1930年3月，九龍居民協會在報章反映政府未有積極跟
進，立法局議員普樂和布力架 (J.P. Braga) 雙雙在立法局財務
委員會質詢訊號山腳的兒童遊樂場進展，獲工務局長承諾招
標。[47]7月，建利以6,855.35元投得建造訊號山腳的兒童遊樂
場，同年10月完工。[48]1931年3月，九龍居民協會對新落成的
中間兒童遊樂場未有足夠遮陽光和避風雨的地方表示失望。
同年11月，政府刊憲修改漆咸道和中間兒童遊樂場規例，加
入以下兩條款：

> 不准13歲以上男或女童使用廁利
> 　中間兒童遊樂場關閉時間4月1日至9月30日下
> 午7時至早上6時半；10月1日至3月31日下午6時半
> 至早上7時

46　*Hong Kong Daily Press, South China Morning Post* 26 October 1929;
　　Report of Director for Public Works for the year 1929, item 177

47　*South China Morning Post* 12, 14 March 1930; *Minutes of Legislative
　　Council Finance Committee Meeting* 13 March 1930

48　*South China Morning Post* 21 July 1930; *Report of Director for Public
　　Works for the year 1930*, item 233

圖10　2019年的中間道兒童遊樂場

圖11　2019年的中間道兒童遊樂場主要規例

　　違規多是成年人非法使用兒童遊戲設施，裁判官通常罰款三元以示警戒。[49]

　　筆者童年時，先父母經常於假日帶筆者和姐弟妹在中間道兒童遊樂場遊樂，印象深刻，上述的涼亭、座位、沙池、草地、旋轉柱環、鞦韆和「蹺蹺板」都曾耍玩。2019年親身再到訪中間道兒童遊樂場，遊樂場已從地面升上一層，昔日的天然草地已變成人工軟地，比打柔道的軟蓆還安全。門口規例除不准帶狗仍在外，其他如嚴禁吸煙和收起滑板等都因為時代轉變而增加。使用遊樂場的人士仍是外籍，但從西方人轉為南亞人。圖8和9是昔日中間道兒童遊樂場，圖10則是2019年的中間道兒童遊樂場。圖11是中間道兒童遊樂場主要規例，與百年前近似。

覺士道兒童遊樂場

　　九龍居民協會再接再厲，與扶輪社攜手[50]興建九龍兒童遊樂場。今次計劃是在覺士道興建新兒童遊樂場，取代漆咸

49　*South China Morning Post* 24 May 1932

50　*South China Morning Post* 10 December 1931, 5 May 1932

圖12　1950年代的覺士道兒童遊樂場　圖13　2019年的覺士道兒童遊樂場

道兒童遊樂場，漆咸道兒童遊樂場就改為公園。[51]政府與九龍木球會達成協議，利用木球會部份用地興建，1932年6月招標興建覺士道兒童遊樂場，生利建築公司獲合約。[52]由於僧多粥少，落成後的覺士道兒童遊樂場每天爆滿，十小童在同一「蹺蹺板」上耍樂，兩人擠在同一鞦韆，三人在同一旋轉柱位，小童又隨地吐痰，廁所骯髒。一位外籍婦人歸咎低層華籍兒童，並致函報章投訴，建議政府加設一位華籍看更管理兒童遊樂場。[53]圖12是昔日覺士道兒童遊樂場，圖13是2019年的覺士道兒童遊樂場。

香港扶輪社和青年會的貢獻

　　1925年省港大罷工，香港經濟下滑，1926年港督金文泰在香港總商會(Hong Kong General Chambers of Commerce)週年會議演講時鼓吹華洋和諧，提議成立「和諧會」 (Concord Club)，營造社會和諧氣紛，合力改善經濟。[54]一時間社會引起劇烈討論，當時有一位姓李華人致函《南華早報》提議在香港成立扶輪社分部，憑扶輪社承諾「服務高於個人」的理

51　*Hong Kong Telegraph* 13 June 1932, *South China Morning Post* 14 June 1932

52　*South China Morning Post* 20 June, 8 August 1932 ; *Report of Director for Public Works for the year 1932*, item 188

53　*South China Morning Post* 1 July, 9 December 1935;

54　*South China Morning Post* 26 March 1926

念，華洋可同心貢獻社
會。[55]1928年，有人再在
《南華早報》查詢在香
港成立扶輪社分部的去
向。[56]到1930年11月，繼
星加坡成立扶輪社分部
後，扶輪社的總裁大衛
信 (James W. Davidson)
訪問香港和廣州，籌備在
香港成立扶輪社分部。[57]

圖14　灣仔兒童遊樂場 (今駱克道近軍器廠街)

12月8日，扶輪社香港分
部在香港大酒店舉行第一
次會議，有95位人士參加
包括政府官員、大班、教
育家、律師、工程師、科
學家和傳媒。起初是大衛
信主持會議，其後香港大

圖15　卜公花園兒童遊樂場

學校長韓氏尼 (W.W. Hornell) 被選為主席，繼而主持會議。
曹善允任副主席、秘書是比拿美(L.C.F. Bellamy) 和黃炳耀、
財政派寧(N.J. Perrin) 。董事有尚頓(W.E.L. Shenton) 、卡梅
倫 (Allan Cameron) 、黃廣田、衛理 (B. Wylie) 等。香港是遠
東第14分部。1931年8月香港扶輪社將「服務高於個人」的
理念附諸實踐，在麥花臣 (John Livingstone McPherson, 1874-
1947)引介下與青年會合作資助卜公花園和灣仔兒童遊樂場，
香港扶輪社出錢購買和安裝遊戲設施，青年會負責管理兒童
遊樂場。灣仔兒童遊樂場於1932年1月25日下午開幕，首年
開支1,160元；卜公花園為200元。圖14和15是灣仔和卜公花

55　*South China Moring Post* 5 April 1926
56　*South China Morning Post* 8 February 1928
57　*Hong Kong Telegraph, South China Morning Post* 7 November 1930

園兒童遊樂場位置。1932年，兩會計劃再資助卜公花園和旺角兒童遊樂場，估計卜公花園開支為1,350元，旺角兒童遊樂場開支為1,250元，合共約4千元。[58]但在週年大會上未能取得共識如何集資。[59]香港兒童遊樂場協會成立後，香港扶輪社與青年會合作資助的兒童遊樂場於1933年7月1日轉交兒童遊樂場協會管理，分階段交接過渡工作。[60]1934至1936年香港扶輪社仍然捐款香港兒童遊樂場協會。[61]

成立香港兒童遊樂場協會

1920年代香港興起一股運動熱，除了少數會所或政府擁有場地外，運動對一般人是奢侈品。連美國、日本和葡萄牙人都沒有自己的場地，華人僅有一場地。[62]社會紛紛促港府正視場地短缺的問題，有人建議華人富豪買下舊屋地段，改成運動場[63]。葡萄牙人和華人爭場地弄至打鬥，要勞動裁判院判決。[64]英國亦成立國家遊樂場協會(National Playing Fields Association) 設計和管理遊樂場。[65]在這熱潮下，政府於1929年5月15日成立運動場調查委員會，檢討當時的香港和九龍運動場未來的去向和向政府提交建議。成員有輔政司、工務司、教育司、佘頓、布力架、曹善允、拜倫、賓非、韓國、曲加、羅文錦、夏佳里。委員會於1930年1月20日提交報告，麥花臣在附件四提出成立小型運動場協會 (Small Playing

58 *South China Morning Post* 4 May 1932
59 *South China Morning Post* 11 May 1932
60 *South China Morning Post* 20 March, 4 April 1934
61 *South China Morning Post* 3 October 1934, 28 November 1935, 11 March 1936,
62 *South China Morning Post* 3 November 1924, 13 May 1925, 5 July 1927, 17 May 1929
63 *South China Morning Post* 5 July 1927
64 *South China Morning Post* 19 September 1928
65 *South China Morning Post* 26 September 1924, 5 November 1925, 4 May 1926

Grounds Association) 管理兒童遊樂場事宜。[66]上文提及扶輪社與青年會合作管理兒童遊樂場，欲擴大至管理四個兒童遊樂場，可惜未能籌募足夠經費。政府亦承認運動場不足，但因財政緊絀，不願承擔遊戲設施和營運經費，一群有心人就商討成立兒童遊樂場協會分擔工作。1933年2月14日，由布政司修頓 (W.Thomas Southorn) 牽頭成立籌備委員會，籌組成立兒童遊樂場協會，同年5月4日，他們齊集工務局會議室開會，討論成立兒童遊樂場協會的工作。目的是將未有兒童遊戲設施和管理的遊樂場完備，看似完成扶輪社與青年會未能完成的計劃。參加的機構有扶輪社、華人青年會、南華體育會、九龍居民協會、香港皇家哥爾大球會、歐美留學生協會、香港足球會、華人娛樂會、香港棒球會、九龍草地滾球會、九龍棒球會和崇正體育會等。會議選出修頓為主席、曹善允為副主席、麥花臣為秘書、李海東為司庫、羅文錦為執行委員會主席。[67]三軍未動，糧草先行，協會呼籲各界捐款支持增設遊戲設施和管理兒童遊樂場，並邀請港督為贊助人。有了經費，協會於1933年7月1日接管香港扶輪社與華人青年會合作的兩個兒童遊樂場，即卜公花園和灣仔兒童遊樂場，並設有管理員。華人青年會仍然資助卜公花園經費直至年底。9月13日，京士柏「O」地段的遊樂場亦交協會管理，見

圖16　京士柏遊樂場位置(今伊利沙伯醫院)

---

66 *Report of the Playing Fields Committee,* Administrative Report No. 2 of 1930

67 *South China Morning Post* 5 May 1933, 12 July 1934; HKRS 306-1-19, folio 403

圖17 修頓遊樂場開幕盛況

圖16。10月，政府通知
協會將有四個兒童遊樂
場交協會添置設施和管
理：卜公花園餘下的地
方、灣仔盧押道與柯布

圖18 修頓像　　　　　圖19 1935年的麥花臣像

連道地段、九龍的山東街和塘尾道的兒童遊樂場。除為兒童遊
樂場加設「蹺蹺板」和鞦韆外，還有足球、籃球和排球場，
供不少學校使用這些兒童遊樂場。[68]其中灣仔盧押道與柯布連
道的遊樂場於1934年7月11日下午由署任港督修頓主持開幕
禮，當天有近一萬名兒童參觀開幕禮，見圖17。[69]當時在灣
仔有兩個兒童遊樂場，為以區別，協會於1934年10月向政提
出將灣仔新兒童遊樂場改名「修頓遊樂場」和旺角山東街兒
童遊樂場改名「麥花臣遊樂場」，以紀念修頓和麥花臣對香
港遊樂場的貢獻，政府亦無異議，今天仍然屹立，圖18和19
分別是修頓和麥花臣像。[70]圖20和21是修頓遊樂場和麥花臣
遊樂場。麥花臣生於多倫多，多倫多大學畢業後任職老師，
及後任職多倫多大學青年會和安大略及魁北克省跨大學祕
書，1905年成為國際青年會委員會(International　Committee
of Y.M.C.A.)祕書，同年三月到港任外籍青年會祕書，其後再
任華人青年會祕書。1910年代在必列者士街提供嬉戲地方給

68　*South China Morning Post* 20 March 1934
69　*South China Morning Post* 12 July 1934
70　*South China Morning Post* 24 October 1934, 12 March 1935

圖20 圖中空地是修頓遊樂場

兒童耍樂，居港超過三十年，對香港兒童遊樂場貢獻極大。1936年，修頓轉往甘比亞 (Gambia) 任總督，大法官麥貴格(Atholl MacGregor)繼任主席，馮屏山任秘書，曹善允任司庫。港島兒童使用遊樂場率為每年56萬人次，九龍兒童使用遊樂場率為每年248萬人次。兒童遊樂場協會接管了八個兒童遊樂場：港島有卜公花園、修頓、灣仔和嘉路連山遊樂場；九龍有麥

圖21 麥花臣遊樂場

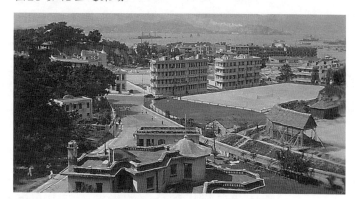

圖22 右上方是嘉路連山遊樂場

花臣、塘尾道、京士柏和九龍城遊樂場。[71]圖22是嘉路連山遊樂場。

戰後重組兒童遊樂場協會和重建計劃

1946年初，港督顧問兼兒童福利委員會 (Child and Juvenile Welfare Committee) 主席夏士域 (T.M. Haselrigg) 著手處

---

71 *South China Morning Post* 26 March 1937

理重組兒童遊樂場協會，得教育處體育統籌官毛華翰 (B.J.B. Morahan) 協助找回兒童遊樂場協會會員，根據憲章於1946年10月重啓執行委員會。由嘉斯迪 (Philip Stanley Cassidy)、高查 (Noel Victor Amor Croucher) 和毛華翰組成的籌備委員會邀得摩士 (Arthur Morse) 為主席，港督楊慕琦(Sir Mark Young)為贊助人。[72]執行委員會主席羅文錦聯同執委會決定復修以下兒童遊樂場：卜公花園、修頓、漆咸道、寶其利街、塘尾道和麥花臣。[73]同年10月，政府將修頓遊樂場交兒童遊樂場協會管理。[74]九龍居民協會則關注京士柏、覺士道、漆咸道、中間道和九龍塘兒童遊樂場，促請政府立刻展開復修工作，政府亦迅速回應。[75]

　　戰後，港府復修城市各措施雖有優先次序，但大都是見步行步，欠缺一整體規劃和長遠眼光。有鑑於此，港府從英國請來城市規劃專家亞伯金比 (Sir Patrick Abercrombie) 為香港城市規劃把脈，撰寫報告。亞伯金比於1947年11月到港，逗留一月。他以長短線和分四大領域 (The Big Four) 提出建議。四大領域就是：房屋、佔地、交通和公共空間。他認為公共空間 (Open Spaces) 是市區和郊區的隔離區 (Break)，香港應有大約三類公共空間：小型遊樂場、正式遊樂場和大小型公園。他定下每一千人應有0.5英畝小型遊樂場的目標，即約每人應有2平方米小型遊樂場。亞伯金比的建議就成為戰後興起遊樂場和公園的指標。當中在市區的小型兒童遊樂場和公園就成為香港特色，更有人稱之謂「牙簽」兒童遊樂場和公園，即兩大廈中的「迷你」公共空間。

　　為了跟進亞伯金比的建議，港府成立了遊樂場資詢委員會，建議如何根據1936年法例再分配遊樂場使用方法；

72　*HKRS306-1-49*, folio 403

73　《工商日報》1947年2月21日

74　*South China Morning Post* 12 October 1947

75　*South China Morning Post* 28 May 1948; *China Mail* 14 September, 1 November 1948

建議如何以公眾利益為大前提更改當時會所或組織使用遊樂場方法；考慮和報告當時娛樂設施是否足夠並建議公園、花園、公共空間、遊樂場、露營地或相同設施是否需要添置新設施供大眾娛樂。主席為摩士，見圖23，成員有市政局主席 J.P. Fehily, M.S.K. Maunsell, T.R. Rowell, J.C. McDouall, J.E. Richardson, 夏佳理(A El Archulli), 羅文惠, 郭贊和謝雨

圖23　摩士像

川。報告於1950年7月提交立法局，總括了當時三類管理遊樂場方法：一是政府公園總監負責、二是兒童遊樂場協會負責、三是特別委員會負責如佐治五世公園。委員會建議由政府統一管理，並盡快復修全港兒童遊樂場。[76]落實建議分階段，兩年後仍在市政局通過落實報告餘下的建議。[77]委員會主席摩士亦為兒童遊樂場協會主席，可見政府政策是中央管理兒童遊樂場，將兒童遊樂場協會的角色重新定位。

香港兒童遊樂場協會的轉變

　　在香港城市規劃專家和遊樂場資詢委員會進行研究的同時，港府亦進行籌組太平洋戰爭紀念撫恤金 (Hong Kong War Memorial Fund)。港督楊慕琦於1946年7月成立小組研究設立太平洋戰爭紀初撫恤金 (下稱撫恤金) 可行性。主席為高院法官威廉士(Mr. Justice Williams)，成員包括羅文錦、周峻年、周錫年、加利士比(R.D. Gilespie)、哥登(J.W. Gordon)、巴納(AG Parnall)、何明華會督(Bishop Hall)、律敦治(J.H. Ruttonjee)、芬齊爾(E.C. Fincher)、潘德烈(G.A. Pentreath)、比力(D.H. Blake) 和鐵拔(H.J. Tebbutt)。同年11月，小組建議以募捐形式設立太平洋戰爭紀念撫恤金，其主要目的是

76　*HKRS337-4-425*, folio 52

77　*South China Morning Post* 30 July 1952

協助在太平洋戰爭殉職人士的妻兒，合資格人士需要是服務
正規或義務軍事團體成員的妻兒。12月，港督接納建議，並
進行立法。[78]1947年2月21日，法例在立法局通過，名為1947
年第十號法：太平洋戰爭紀念撫恤金條例。港府承諾民間捐
款一元，政府支助一元。太平洋戰爭紀念撫恤金委員會主
席為高院法官威廉士，成員有摩士、周錫年、施玉麒、單德
馨、律敦治、衛理(Benjamin　Wylie)、加利士比、顏成坤、
曹俊安、郭鳳軒和芬齊爾。年底，撫恤金已籌到超過350萬
港元。[79]1949年中，受惠人士每年開支約24萬元，申請人數
亦越來越少，不少人建議動用撫恤金補貼社會福利，例如興
建大會堂、體育場館、醫院，甚至九港海底隧道。呼聲最高
是防止肺癆協會壽計劃中的肺癆療養院。[80]1950年，撫恤金
委員會通過分別撥款防止肺癆協會和兒童遊樂場協會20萬和

圖24　港督葛量洪主
　　　持紀念殉職烈
　　　士福利會大樓
　　　開幕禮

35萬元興建肺癆療養院行政大樓和紀念
殉職烈士福利會大樓。[81]由於兒童遊樂
場協會不是法人團體，不能擁有物業，
要立法更改有關法例。政府不便提交更
改私人團體草案，羅文錦律師為兒童遊
樂場協會草擬草案，經教育署轉律政署
過目，律政署提供意見後，才交立法局
審議。[82]1951年9月21日，法例在立法局
通過，名為1951年第31號法：兒童遊樂
場協會改法人條例。[83]位於修頓遊樂場
的紀念殉職烈士福利會大樓於1950年6

78　*South China Morning Post* 10 September, 13 December 1946; 14, 21
　　February, 17 May 1947

79　*South China Morning Post* 30 December 1947

80　*South China Morning Post* 11 June 1949

81　*South China Morning Post* 31 March 1950

82　*HKRS46-1-13*, folio 1 to 3

83　*South China Morning Post* 20 September 1951

圖25　位於修頓遊樂場的殉職烈士福利會大樓

月5日下午由港督葛亮洪主持開幕禮。見圖24。紀念殉職烈士福利會大樓是一綜合兒童福利大樓，除兒童遊樂場協會外，還有男女童軍協會和保護兒童協會辦事處，一切有關青年和兒童福利工作都設在大樓內，是青年和兒童福利大本營，見圖25。[84]

　　1953年農曆新年，兒童遊樂場協會在修頓兒童遊樂場舉行貧童聯歡會，港督葛量洪 (Sir Alexander Grantham, 1947-1957在任) 與500名貧窮兒童共渡農曆新年，參加者每人有禮物一份。[85]兒童遊樂場協會首次利用兒童遊樂場地作青年及兒童福利工作，從管理兒童遊樂場轉向提供青年及兒童福利服務。

兒童遊樂場內外的本地遊戲

　　戰後的人口增加速度比興建兒童遊樂場快得多，遊樂場因此有人滿之患，兒童被迫走回街上遊樂。由此衍生出多款本地特色的街頭遊戲。他們利用渠蓋凹凸面打波子，見圖26，利用斜路玩呼拉圈和滑板，見圖27和28。在平路上可玩跳飛機和跳繩，見圖29和30。只會有同伴，兒童就可嬉戲，

84　*South China Morning Post* 6 June 1950

85　《華僑日報》1953年2月10日

圖26 兒童在渠蓋上打波子

圖28 兒童在街上玩滑板

圖27 兒童在街上玩呼拉圈

圖29 兒童在街上玩跳飛機

圖30 兒童在街上玩跳繩

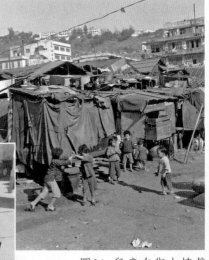

圖31 兒童在街上嬉戲

圖32 兒童在街
上玩棋子

圖33 兒童在街上休息

年紀大的和年幼的都各得其所，見圖31。靜的一面有在街上
玩棋子，見圖32。當他們有些倦意時，會利用蹺凳在街上休
息，見圖33。

兒童遊樂場的其他功能

兒童遊樂場協會工作增至提供青年及兒童福利服務，香
港地少，兒童遊樂場自然成為提供青年及兒童福利服務的最
佳場地。除此之外，遊樂場可容納數以千計人聚集，其功能
可伸延至慶祝節日、展覽、觀看和放煙花、年宵市場和臨時
難民地。

年宵市場

早於1898年，香港年宵市場是在剛落成不久的中環街市
外開始，伸延至蘇杭街和文咸街[86]。見圖34。從1907至1910
年，報導稱年宵市場已阻塞交通，並日趨嚴重[87]。市場因而
伸至永樂街，售賣貨品有家居裝
飾品、食物、水果、甜食、玩具、
鮮花和古董等。開價還價聲音充
斥整個市場，好不熱鬧，華人逛年
宵總不會空手而回，商人肚滿腸
肥。1917年的天花病雖然肆虐，
但亦無減行年宵市場的華人。較多
人喜愛的貨品有百合花、牡丹、水
仙、大菊、雞冠花、吊鐘、山茶
花、金魚、玩具和檀香木，摩囉
街的古董亦吸引不少途人[88]。踏入
1920年代，除上述年貨外，還有石

圖34　20世紀初的年宵市場

86　*Hong Kong Telegraph* 21 January 1898
87　*South China Morning Post* 31 January 1907, 26 January 1914,
88　*South China Morning Post* 25 January 1917

春、年畫、日曆、瓷器、利是封、全盒、瓜子、醃製糖果、蟹爪花、人做花、花瓶、銀器、茶杯、佛像和臘肉等，日本貨亦打入年宵市場。文咸街和永樂街已變成為花市。五號差館　(今皇后大道、文咸東街、蘇杭街與威靈頓街的著名十字路口)　鄰近皆是年宵古董攤檔。由於人群太多，政府不准中環街市外擺賣攤檔，部份年宵市場要轉至威靈頓街。蘇杭街從五號差館至摩利臣街，賣的主要是玩具、古董、紙品、煙花、賭具、鞋襪和食具等。文咸街主要賣金魚、臘鴨、臘腸和醃製糖果等。永樂街依然是花市，以牡丹和水仙最多，間中亦有水果。由於羣眾太多，出現「打荷包」(扒手)　現象，[89]「三隻手」(扒手) 和小販幾乎每年都豐收。

　　1932年，由於蘇永文三街年宵市場嚴重阻塞交通，政府安排在灣仔新填地軒尼詩道和莊士敦道中的空地設年宵市場，即修頓遊樂場前身。有16行，每行25攤檔，共400檔口。華人有感地方遠離華人中心，又逢內陸政治不穩引至鮮花供應不足，因此只有不足一半攤檔開業。不少華人仍在城西三街辦年貨。翌年，灣仔新填地的空地因有部分用作影棚和供培英學校作操場，年宵市場只設280攤檔，晚上有霓虹燈設備。先施公司在其天台花園擺設年貨，成一另類年宵市場。蘇永文三街仍見不少年貨。[90]九龍方面就設在窩打老道從彌敦道至海旁一段。是年鮮花供應充足，但價格昂貴，450元一盆，當時一般人收入每月不足百元。金魚由一毫至五元一對不等。石春每斤一毫。蟪蟌賣4至5毫一對。[91]　講價是習俗，是年宵氣紛，買家常掛在口邊一句：「怕唔怕比少？」。

　　政府在1935年安排在灣仔海旁告士打道從分域街至菲林明道的一段路設年宵市場[92]。1936年，攤檔面積八呎乘八

89　*South China Morning Post* 20 January 1928

90　*South China Morning Post* 24 December 1931; 29 January, 4 February 1932

91　*South China Morning Post* 28 January 1933

92　*South China Morning Post* 4 February 1935

呎，1月14至23日租金為兩元。九龍分三地，分別是窩打老道從彌敦道至海旁、亞皆老街從新填地街至砵蘭街和南昌街從荔枝角道至長沙灣道。情況不及以前蘇永文三街年宵市場熱鬧。[93]翌年，香港方面在盧押道加了50攤檔，共393個。九龍三個地點不變，合共230攤檔，租金維持不變。是年最搶鏡是安樂園雪糕[94]。1938年受抵制日本貨影響，攤檔少了，港九兩地點沒變[95]。1939和1940年，九龍的亞皆老街改從砵蘭街至深圳街，南昌街就由長沙灣道至大南街，窩打老道不變。社會動蕩，乞丐和扒手活躍。[96]

　　戰後首次的年宵市場於1946年舉行，港島地點仍在告士打道，從分域街伸至史超域道。九龍地點就不變。攤檔面積加大至十呎乘十呎。租金加至伍元。但生意仍未能走出戰亂的影響。[97]由於灣仔海旁風大，又不方便，跟著兩年的港島年宵市場改在修頓遊樂場，而九龍則於1948年將窩打老道一段改從彌敦道至廣東道，北面只有太子道從廣東道至塘尾道。但攤檔租金升至25元。鮮花升至1,000至1,400元一盆，金魚每條1至2元。以四季桔、臘肉、餅乾、服飾和炮竹最為搶手。[98]1949年港島年宵返回告士打道，九龍改至塘尾道和鴉蘭街的遊樂場[99]。1950年，港島地點無變，九龍就移至西洋菜街從豉油街至奶路臣街、通菜街從豉油街至奶路臣街和豉油街從通菜街至彌敦道，是年被認為是有年宵市場以來最淡的一年[100]。翌年，投年宵攤檔突旺，七百多攤檔有近1900人申請，要抽籤決定。港島地點不變，九龍的西洋菜街從奶

93　*South China Morning Post* 23 January 1936

94　*South China Morning Post* 2 February 1937

95　*South China Morning Post* 8 January 1938

96　*South China Morning Post* 30 January 1939, 1 February 1940

97　*South China Morning Post* 16 &19 January 1946

98　*South China Morning Post* 30 January 1948

99　*South China Morning Post* 8 January 1949

100 *South China Morning Post* 26　January 1950

路臣街伸至山東街、通菜街一段保持不變、加入山東街從西洋菜街至染布房街一段。貨品分花、雜物和古董[101]。1952年，攤檔增加至近九百。港島地點不變，九龍加開黑布街一段[102]。跟著幾年，競投攤檔仍激烈。1957和58兩年，由於告士打道有渠務工程，港島地點移至銅鑼灣興發街、威菲路道、電氣道、琉璃街、永興街

圖35　早年維多利亞公園的年宵市場

和青風街一帶。貨品分濕、乾和食物三類[103]。1959年，港島設銅鑼灣一帶和十諾道從林士街至摩利臣街為年宵市場，九龍年宵市場仍在旺角，申請競投攤檔要交五元抽籤費用，可見年宵攤檔有利可圖[104]。1960年，港島年宵市場設在維多利亞公園，九龍則在塘尾道從太子道至旺角道。[105]圖35是維多利亞公園年宵市場。

　　香港地少人多，「行人街」早已出現於19世紀，填海空地和遊樂場的公共空間也要成為年宵市場，最終選取維多利亞公園，時至今天。百年來的年貨大部份都與今天相似，最早被淘汰的是古董，而買賣金魚的習俗要到2015年才被取消。可見地方習俗是不容易改變。

放煙花

　　1937年5月，香港慶祝佐治六世登基紀念，日本人分別在九龍倉五號碼頭和修頓遊樂場放煙花。政府開放卜公花園

101　*South China Morning Post* 6　February 1951
102　*South China Morning Post* 18 January 1952
103　*South China Morning Post* 5 January 1957, 5 February 1958
104　*South China Morning Post* 16 January 1959
105　*South China Morning Post* 8 January 1960

供市民觀看九龍倉五號碼頭消的煙花，修頓遊樂場人群自然水洩不通。[106]

火災急賑站

自從紀念殉職烈士福利會大樓落成於修頓遊樂場旁後，九龍社會福利辦事處也坐落楓樹街遊樂場旁。楓樹街遊樂場於1952年闢為兒童遊樂場，並交兒童遊樂場協會管理。[107]

1953年1月，何文田村發生大火，四千餘人無家可歸。[108]同年9月，石硤尾村火災，400多人失家園。[109]1953年聖誕，石硤尾六村大火，近六萬人要露宿街頭，[110]圖36是災場，圖37是露宿街頭者。政府開放楓樹街和界限街遊樂場作為急賑站，設立登記、臨時居留和派飯站。登記災民可獲救濟和日後安排，因地方所限，只有老弱者可獲居臨時屋，界限街遊樂場設臨時廁所和浴室，英軍就協助兩餐伙食[111]。圖38是楓樹街遊樂場急賑站，圖39是界限街遊樂場急賑站，圖40是英軍協助兩餐伙食情況。1954年2月中，石硤尾臨時房屋落成，部份災民入住。[112]同年3月中，楓樹街遊樂場派飯站關閉。[113]同年7月，九龍仔大火，楓樹街遊樂場又成為救災站。[114]1955年11月，花墟村和老虎岩火災民也在楓樹街遊樂場領取救濟。[115]

---

106 *South China Morning Post* 11, 12 &14 May 1937;《工商日報》1937
　　年5月13日

107 《工商晚報》 1952年5月21日

108 《工商日報》 1953年1月15日

109 《大公報》 1953年9月14日

110 *South China Morning Post* 8 January 1954

111 *South China Morning Post* 20 & 21 January 1954

112 《工商日報》 1954年2月17日

113 《工商日報》 1954年3月18日

114 《工商晚報》 1954年7月23日;《大公報》 1954年9月22日

115 《大公報》 1955年11月19日

圖36　1953年石硤尾大火現場

圖37　災民露宿街頭

圖38　楓樹街遊
樂場設立
急賑站

圖39　界限街遊
樂場也設
立急賑站

圖40　英軍協助兩餐伙食情況

展覽場地

　　香港工展會始於1938年，初期在學校舉行，後移至臨時空地舉辦，中環、灣仔和紅磡新填地和舊海軍船塢也曾用作工展會場地。1950至1953和1957至59年，工展會曾借用半島酒店對面的空地(今喜來登酒店) 作展場，因地方不足，亦借用隔鄰的中間兒童遊樂場，見圖41　(圖片由梁經緯先生提供，在此致謝) 。

結　語

　　百多年前的香港兒童也是一般家庭收入的負擔成員，華人父母因生活而接受現實，只有少數西來的外籍人士感覺不安，賦予同情心，企圖改變社會現狀，但政府和商人心知這是結構性改變，不容易強行逆轉，寄望成立多些義學，特別是職業訓練學校，吸引華人學童，逐步解決這難題。那群持有正義原則的外籍人士，千方百計在港推動保護兒童

圖41　圖下是1949年工展會，圖上是中間道兒童遊樂場，後展覽場地不足，借用了中間道兒童遊樂場。

運動，成立私人組織推行保護兒童活動、利用傳媒說出兒童慘況、建議在現行法例下加入一些保護兒童條文。在政府和商人眼中是滋事者，他們在港未能取得進展，將運動戰場移至英國國會，結果成功爭取立兒童法。法例不能解決當時兒童問題，其主因是華人父母、商人和政府都不願改變當時狀況。我們不能以今天的標準去批評當時的持份者，應以同理心返回百年前的社會，才可看清事實。

　　在運動過程中，興建兒童遊樂場自然就成為私人組織的

議題，政府政策是出地和整理地盤，加添設施和管理就落在私人組織身上。由於財政緊絀，這官民合作模式屢見政府使用，可收效果[116]直至戰後才收回所有權力。

　　早年兒童遊樂場內的遊戲如鞦韆、「蹺蹺板」和「氹氹轉」現今都仍是兒童遊戲，它們除是體力訓練外，更是解釋物理力學的最佳模型。今天的兒童大多在冷氣室內玩虛擬遊戲，缺乏體力運動，更欠實物感覺。請不要忘記我們穿的衣服、吃的食物、喝的飲料、住的房屋和坐的交通工具全都是實體，筆者不敢想像缺乏實物經驗成長的兒童成長將會是怎樣？戰前興建的覺士道兒童遊樂場快要慶祝九十歲生日，若政府視之為重要歷史古蹟建築物，配上百年不衰的遊戲，給個名份，留下幾代香港人的回憶，那便更有意義！

---

116 拙作：〈戰前私人組織〉載劉蜀永：《香港史話》(香港：和平圖書有限公司，2018) 頁174-181

1915年老虎照片的風波

林國輝

香港歷史博物館

　　攝影術在19世紀出現後，為人們帶來全新的視覺經驗，祇因照片能夠把一瞬即逝的影像紀錄下來，加上可以不斷複製，帶在身邊與他人分享，甚或寄送到地球另一端向異國讀者介紹本地情況，促進訊息交流，豐富新聞題材，亦引發大家作長途旅行的興趣。過去憑文字描述的事件或景色，都可以透過照片再次呈現，加上其比繪畫和印版畫載有更多細節，像真度高，所以具有極高的商業價值。1839年達蓋爾版照相法在法國問世後，便有攝影師專程到北非和中東地區，把拍得的照片帶回歐洲發售，1841年在巴黎出版的《達蓋爾式旅行：地球風光和最矚目的遺跡》攝影集就是其中一例。[1]然而照片容易被複製，旅行風光照片或其他特殊題材的照片受到市場歡迎，在巨大利潤引誘下，亦容易產生盜版和侵權的問題。

　　早期來華的外籍攝影師，不少都是看到了照片的商機而踏足中國，部分更選擇了在香港開業，專門向外國商旅出售肖像照和華南風光照片。[2]隨著香港影樓數目增加，特別是華人攝影師冒起後，行業競爭變得激烈，同樣出現盜版他人作品的情形。1872年著名攝影師湯姆遜（John Thomson）在介紹香港華人攝影師的文章中，亦提到他們在影樓內複製歐籍同行的照片，混在自已的作品中廉價發售。[3]然而照片版權不清的問題，可能與當時影樓的經營方式也有關係，祇因當時

所用的玻璃底片容易破損和較為笨重，不便於長途運輸，故此部份外籍攝影師在結束影樓生意準備離港時，不獨會把佈置和家具留下，還會把底片一併出讓，接手經營者便得以繼續翻印和發售這些照片，其中就可能有盜版的作品。[4]這亦造成今天研究早期香港照片時，在斷定年代和攝影師方面的困難。

　　攝影術在19世紀中葉是新生事物，大家都認同照片所帶來的好處，但版權法例修改需時，英國在《1862年美術作品版權法》中，才清楚列明照片受到版權法例保護。其後國際間對藝術作品的著作權日益關注，並在1885年9月訂定《伯恩公約》，香港政府約於一年後就此刊憲，目的祇是讓公眾知悉。[5]儘管香港的《商標條例》在1873年已經生效，比英國早兩年之多，但要到1901年才立法保護照片和繪畫等藝術作品的版權，內容基本上是參考上述英國的法例。[6]當年香港立法的背景，正是由於有本地攝影師向政府投訴，他的作品被他人侵權。[7]及至英國頒佈《1911年版權法令》，並在翌年在香港生效後，關於照片版權的條文才更見完備。[8]然而20世紀初照片版權是否真的受到保障？1915年香港報刊廣泛報導的一宗老虎照片的官司，也許可以透露出一點端倪。

前奏：香港島上的虎蹤

　　20世紀初香港報刊上經常有發現老虎的報導，九龍城[9]、新田[10]、沙頭角[11]和大嶼山[12]都有家畜懷疑被老虎所噬，馬頭圍[13]、沙田坳[14]和九龍水塘[15]一帶則有人遇到老虎。然而引起全城哄動的老虎新聞，則要數1914年3月在山頂發現虎蹤。

　　事情始自首席法官戴維斯爵士（Sir William Rees Davis）在山頂官邸花園發現多個動物腳印，他檢視後認為其中八個明顯是由老虎留下，於是立即報警。[16](圖一及圖二)其後薄扶

圖一　1914年港島山頂發現虎踪，弄得人心惶惶。圖中所見是位於山頂的港督別墅。（香港歷史博物館藏品）

圖二　首席法官戴華士爵士在歌賦山附近的官邸最先發現虎踪。圖中前方是山頂歌賦山道，右方是種植道。（香港歷史博物館藏品）

　　林一名留宿僱主家中的私人司機，於凌晨時份在窗外發現巨獸身影，似在向山下走去，後來在往水塘的路上果然有巨獸留下腳印[17]。消息迅即傳開，接下來的幾星期裏，港島的歌賦山、牛奶公司牧場[18]，以至半山羅便臣道[19]和麥當奴道[20]都有人報稱遇見老虎，甚至有轎伕在香港仔附近的山路看到兩隻老虎在一起活動 。[21]

　　港島居民人心惶惶，大家最初以山羊和牛隻等家畜為餌，綁在樹下進行誘捕[20]，更有配鎗人員通宵埋伏等候[23]，有消息指富商何東懸賞二百大元予能夠獵得兩只老虎的勇士[24]。為了徹底消除虎患，有外籍居民和士兵組成狩獵隊，4月25日的圍捕行動就有多達五十名軍人參予，並備有十二枝鎗，他們兵分三路沿山頂夏力道、半山薄扶林道及進入附近的樹叢搜索，但全部都無功而還[25]。（圖三）

　　事件越鬧越大，連馬來西亞的報章都刊載香港山頂發現老虎的消息[26]，不過令人感到奇怪的是，這只巨獸一直沒有傷害山頂和薄扶林一帶的禽畜，祇有一條在港島南部鶴咀附

圖三　20世紀初的薄扶林村據説亦有老虎出沒。（香港歷史博物館藏品）

近被咬死的牛，勉強給算在牠的頭上。[27]事件持續了三個多月之後，開始有人懷疑巨獸祇是一只豹，或其他體型較大的貓科動物[28]，牠後來更突然銷聲匿跡，「山頂之虎」的新聞亦沉寂下來。

「上水之虎」殺人事件

正當大家感到鬆一口氣之際，1915年3月發生震驚全港的「上水之虎」咬死警察事件。其實早於一月時，新界北區的坪洋已經發現老虎蹤跡，居民報警指家畜被老虎所噬，警長哥查（Goucher）到場調查時，發現有長達八吋的老虎足印。[29]3月8日再有村民在龍躍頭為老虎所傷[30]，當天哥查與另一名英籍警長荷蘭士(Hollands)剛好於上水警署當值，收到消息後立即帶同華籍警員到場調查，等待增援之際老虎突然撲出，把哥查咬至重傷，左手更被咬斷[31]，他被送到港島國家醫院急救，留醫七日後死去[32]，增援人員中亦有一個印度裔警員被當場咬死；其他警員在副警司寶靈咸（Burlingham）帶領下終把老虎射殺。[33]（圖四及五）

警方後來進行量度，發現老虎身長八呎六吋，體闊三呎七吋，高三呎四吋，尾長三呎，頭顱圓徑二呎六寸，體重達二百八十九磅，品種屬華南虎。牠的屍體當天下午即以火車運到尖沙咀九龍總站，抵達後寶靈咸與一眾人等跟老虎合照，便把牠運到尖沙咀碼頭，循水路送到中環大會堂，存放在博物館內供人參觀。[34]其後何甘棠和何東分別捐出五百元和三百元予殉職警察的家屬。[35]

圖四　圖中所見是1915年在龍躍頭一帶咬死兩名警員的老虎，站在中央身穿制服者正是率眾捕殺老虎的副警司寶靈咸。（香港歷史博物館藏品）

圖五　外籍警長哥查在粉嶺被老虎咬至重傷後，被送到國家醫院搶救，留院七日後死去。圖中所見是1910年代的國家醫院。（香港歷史博物館藏品）

圖六　老虎被轟斃後運送到大會堂公開展覽。圖中所見是大會堂入口處。（香港歷史博物館藏品）

圖七　當局原來打算保留虎皮及虎頭，放在大會堂博物院內公開展出，但最終只有虎頭保留至今。圖中所見是19世紀末大會堂博物院內。（香港歷史博物館藏品）

　　由於老虎消息流傳已久，但沒有多少人見過真正的老虎，加上當年港島居民飽受老虎傳聞困擾，故此得知有老虎伏法後，大家都湧到大會堂，以求一睹這只猛獸的真面目。博物館第二天開放參觀時，由於人數實在太多，要在警察協助下提早關門。[36]（圖六及圖七）鑒於這只老虎有噬人紀錄，當時打算先把虎頭和虎皮送到英國作化學處理，返港後再製成標本，放在大會堂博物館內作永久展出[37]，但可惜其身體上有多處有彈孔，虎皮破損嚴重[38]，最後祇有虎頭能夠保存下來，至今仍陳列在警隊博物館內。（圖八）當日負責替老虎剝皮的，是

圖八　「上水之虎」的頭顱被製成標本後，原來擺放在舊大會堂博物館內公開展出，隨著博物館關閉，虎頭由香港政府保存，現今在警隊博物館內公開展出。（警隊博物館藏品）

來自牛奶公司的劏割手，地點是在博物館的「騎樓」[39]，而虎骨和虎肉則放在牛奶公司寄賣，每斤五毫，旋即被搶購一空，連兩只虎牙都被古玩家「出重價購去」。[40]

老虎照片的商業價值

發現老虎是當年報章上的熱門話題，其中亦蘊藏了一些商機。早在「山頂之虎」傳聞鬧得熱烘烘之際，就有人把巨獸留下的腳印製成泥模，放在中環連卡佛的窗櫥內供人瀏覽[41]，而當時成立不足兩年的華美電影公司（Variety Film Exchange Company）亦公開宣佈要開拍「山頂之虎」電影，更聲稱會找真人扮演老虎[42]，不過最終都不了了之。直到上水之虎被轟斃之後，《士蔑報》（The Hong Kong Telegraph）立即在報上發放消息，宣布週刊會以難得一見的老虎照片作封面，每冊售價二毫半。[43]

美璋影樓成立於1891年[44]，在香港享負盛名，專門拍攝和發售本地重大慶典和訪港名人的照片[45]，並曾協助拍攝1898年新界地區被接管後的情況，照片附於駱克所提交的《拓展界址報告書》內，提交予英國政府知悉。[46]亦當然亦不會錯過這個機會，最後由該公司的司理溫松階獨家拍得老虎運抵九龍總站時的大合照。[47]這幅照片深受歡迎，眼看可以大賺一筆，誰知照片發售三日後，華人顧客驟減。溫松階後來發現，位於德輔道中開業不足一個月的大東照相公司[48]，竟然在

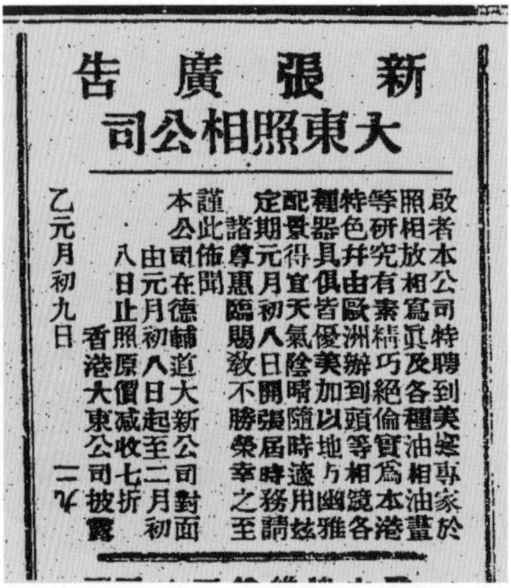
新張廣告
大東照相公司
啟者本公司特聘到美[illegible]專家於
照相放相寫真及各種油相油畫
等研究有素精巧絕倫實為本港
特色并由歐洲辦到頭等相鏡各
種器具俱皆優美加以地方幽雅
配景得宜天氣陰晴隨時適用茲
定期元月初八日開張屆時務請
諸尊惠臨賜教不勝榮幸之至
謹此佈聞
本公司在德輔道大新公司對面
由元月初八日起至二月初
八日止照原價減收七折
香港大東公司披露
乙元月初九日
二九

圖九　8.1915年3月19日《香港華字日報》刊載大東照相公司的廣告

櫥窗內展示一幅相同的老虎照片，並印上自已公司的名字，
於是派人喬裝顧客買下兩幅，其間查探到大東以每張四毫定
價，與美璋的售價相若，在數日間已經賣出四百張照片，利
潤頗為不錯。[49]（圖九）

鬧上法庭的照片官司

　　美璋影樓向來注重自己照片的版權，在《1901年美術
作品版權條例》生效後，曾經多次就自己作品的版權進行
登記[50]，又在報章廣告內投訴其作品被別人翻拍出售。[51]這
次入稟控告大東照相公司，並非祇為獲得賠償，而是希望
能及時阻止有人再盜版其作品[52]，以保障自己的長遠經濟利
益，故此在老虎照片尚未向政府註冊的情形下，就循民事途
徑向大東的股東蔡昌興訟，引用的正是1912年生效的《1911
年版權法令》，案件得到裁判法院受理，3月17日至19日開
庭審理，其間傳召了與訟雙方和美璋的合伙人李錦榮和大東
的司理盧錦元。

　　在律師盤問下，蔡昌表示自已祇是股東，不負責公司的
日常事務，盧錦元雖然承認老虎照片是在他授意下翻拍，但
目的祇是為了在窗櫥展示，以招徠顧客，更辯稱過去誇大銷
售額，實則祇賣了三張。他同時堅稱不懂英語，所以無法辨
讀原印在照片上美璋的英文名字，至於照片框邊出現自己公
司的名字，是由於這些曬相紙都是從上海訂購來港，非存心
侵權。[53]

　　案件的關鍵在於盜版照片是否由被告所複製，而被告是
否需要為合伙人的侵權行為負責，至於複製照片是否存有欺
詐意圖，亦成為雙方律師爭論的焦點。不過這次民事訴訟，
賠償金額可能祇有一百元[54]，美璋大費周章訴諸法律行動，
正是不滿長期以來明目張膽的照片侵權行為，希望最終能在
法庭上取得公道。裁判官在3月19日宣布退庭，並在4月6日

作出裁決。

　　這可能是《1911年版權法令》頒佈後，香港首宗照片版權官司，控方所引用的相關條文，明確禁止冒名發售他人所製作（made）的照片，控罪是否成立的其中一個考慮因素，是案中圖片由誰人拍攝，還有要考慮其中是否具有欺詐意圖。[55]然而美璋在原來的老虎照片上，並沒有任何版權聲明的字句，加上大東翻拍過程中沒有刪去美璋的名字，反而在相片外框加上自己的名字。再者被告蔡昌不是經手製作和販賣相片的人，沒有參與翻拍和銷售過程。

　　裁判官在宣判時，表明不同意把著作權作狹義的解釋，大東翻拍別人作品，雖有製作的事實，但在版權法的意義下，著作權仍由原來照片底片的製作者持有。然而就欺詐意圖而言，這張照片卻不屬存心冒名之作，大東翻拍別人照片圖利，動機雖屬不良，但非處心積累對他人財物造成損害的欺詐行為。再者美璋在此案中以民事提控，裁判官卻認為不妥，祗因侵權如果造成實際損失，原告應循刑事方法作出指控，說明損失情況，才可得到合理賠償，並非到裁判法院作民事索償，結果判大東照片公司蔡昌勝訴。[56]

　　從這宗案件可見，20世紀初雖然已經有版權法例，但執行起來時，仍然困難重重。縱然發現有侵權行為，但到法庭審訊時，既要證明對方有冒名侵權的事實，又要說明侵權行為的欺詐意圖，並要小心選擇起訴途徑，方有機會把侵權者定罪，可見當年照片的版權仍未得到充份保障。

―――――――――

1　蘇珊・桑格塔著，黃燦然譯，《論攝影》（台北：麥田出版，2012），頁144。

2　有關早期訪港外國攝影師的研究，可參考下列書刊：Roberta Wue, Hong Kong Arts Centre and Asia Society Galleries, *Picturing Hong Kong : Photography 1855-1910* (New York : Asia Society Galleries, 1997)，Terry Bennett, *History of Photography in Chin: Western Photographers 1861-1879* (London: Bernard Quaritch, 2010)；Cecile

Leon Art Projects (ed), *First Photographs of Hong Kong, 1858-1875* (Hong Kong: Oxford University Press, 2010) ；郭傑偉（Jeffrey W. Cody）、范德珍（Frances　Terpak）編著，《丹青和影像：早期中國攝影》（香港：香港大學出版社，2012）；香港歷史博物館編製，《影藏歲月：香港舊影片》（香港：香港歷史博物館出版，2013）

3　Roberta Wue, Hong Kong Arts Centre and Asia Society Galleries, *Picturing Hong Kong : Photography 1855-1910*, p.134.

4　黎健強，〈暗箱和攝影術在中國的早期歷史〉，見郭傑偉、范德珍編著，《丹青和影像：早期中國攝影》，頁26。

5　*The Hong Kong Gazette* (30th October, 1886)，pp.975-1040

6　"An Ordinance relating to Copyright in Works of the Fine Arts, and for repressing the Commission of Fraud in the Production and Sale of Such Works." in *The Hong Kong Gazette* (28th September, 1901)，pp.1658-1661，該條例在1901年10月3日三讀通過，其中列明畫作及照片版權屬作者本人，而政府要就已登記版權的作品刊憲，任何人不可基於欺詐意圖在作何畫作及照片上冒簽，或冒名發售、出版、展示或處理偽冒作品，亦不可複製、處理或假冒發售屬於他人版權的作品。再者在作者仍然在世時，作何人皆不得在未取得其同意下，擅自修改其作品以作發售或出版用途。有觸犯上述各項者須賠償不多於一百元或不多於原作兩倍的價錢。

7　在上引資料中，署理律政司普樂(H. E. Pollock)就提到這一點，指該名攝影師投訴其作品在未獲授權下被大量複製，從後來立法後美璋多次註冊其作品的版權估計，該位作出投訴的攝影師應是美璋的負責人溫松階。

8　條例在1912年6月刊憲，並在7月1日正式生效，詳見*The Hong Kong Gazette* (28th June, 1912)。

9　「山君出現」，《香港華字日報》1910年6月20日。

10 「山君出現」，《香港華字日報》1908年10月16日。

11　「山君出現」，《香港華字日報》1908年3月20日。

12　「山君最近聞」，《香港華字日報》1910年7月1日及「山君作禍」，《香港華字日報》1911年6月21日

13　*The Hong Kong Telegraph*, 9 January 1913 & 10 January 1913

14　*The Hong Kong Telegraph*, 17 January 1913

15　*The Hong Kong Telegraph*, 8 January 1913

16　*The Hong Kong Telegraph*, 19 March and 21 March 1914

18　*The Hong Kong Telegraph*, 23 March 1914
　　薄扶林是最早有人聲稱見到老虎的地方，其後歌賦山一帶亦有發現虎蹤的報導。見*The China Mail*, 25 March and 29 April 1914; *The*

Hong Kong Telegraph, 16 April 1914, 22 April 1914 and 2 May 1914.

19　*The Hong Kong Telegraph*, 23 April 1914

20　*The China Mail*, 22 April 1914

21　*The Hong Kong Telegraph*, 6 April 1914

22　*The China Mail*, 25 March 1914

23　*The Hong Kong Telegraph*, 23 March 1914

24　*The China Mail*, 22 April 1914

25　*The Hong Kong Telegraph,* 27 April 1914

26　*The Hong Kong Telegraph*, 16 May 1914

27　同上註。

28　*The Hong Kong Telegraph*, 13 June 1914

29　*The Hong Kong Telegraph*, 28 January 1915

30　報載這名村民最後亦可能傷重死亡，見「傷勢太重」，《香港華字日報》1915年3月15日。

31　*The Hong Kong Telegraph*, 8 March 1915

32　哥查是1913年3月24日才到港任職，本駐守九龍，由於好友在當值期間誤為鎗械所傷致死，故他申請調職別處，九月獲派駐守上水，想不到半年後在粉嶺遇上老虎，結果葬身虎口，在香港服務不足一年，死時祇有二十一歲。見「為虎所傷之英差業已斃命」，《香港華字日報》1915年3月13日。

33　*The Hong Kong Daily Press*, 9 March 1915

34　「警弁打虎記」，《香港華字日報》1915年3月9日，The Hong Kong Telegraph, 9 March 1915

35　「轟斃山君續聞」，《香港華字日報》1915年3月10日。

36　　同上註。

37　「警弁打虎記」，《香港華字日報》1915年3月9日。

38　報載虎皮、虎爪和虎頭從英國寄回時，「其虎皮損壞，完全無用。」見「擊斃山君」，《香港華字日報》1916年2月29日。

39　「轟斃山君續聞」，《香港華字日報》1915年3月10日。

40　「何嗜食虎肉之多也」，《香港華字日報》1915年3月11日。

41　*The Hong Kong Telegraph*, 24 March 1914

42　*The Hong Kong Telegraph*, 4 April 1914

43　T*he Hong Kong Telegraph*, 11 March 1915

44　*The Hong Kong Telegraph*, 7 November 1921. 美璋在1921年報章廣告中聲稱已開業三十年。

45　美璋的廣告特別提到：「本號映相，不惜工本，且承英國冊報所

託，如醇親王、張尚書、李中堂之方龍袍服，英國之西門提督及歷任港督將軍等，本號力所能為者，必求映照，俾中外人士，得瞻丰采，以慰眾望！」見「美璋映相告白」，《香港華字日報》1901年8月5日。另1890年干諾公爵訪港時，美璋所拍攝的照片得到公爵亢儷的讚許。參見Arnold Wright (ed), *Twentieth Century Impressions of Hong Kong, Singapore and other Treaty Ports of China* (London: Lloyd's Greater Britain Publishing Company, Ltd., 1908), p.234.

46　劉智鵬主編，《拓展界址：英治新界早期歷史探索》（香港：中華書局，2010），頁182。

47　「警弁打虎記」，《香港華字日報》1915年3月9日，*The Hong Kong Telegraph*, 17 March 1915

48　大東照相公司在1915年2月21日開幕，見「新張廣告大東照相公司」，《香港華字日報》1915年3月18日。

49　「老虎案初次提審」，《香港華字日報》1915年3月19日；The *Hong Kong Daily Press*, 19 March 1915；*The Hong Kong Telegraph*, 19 March 1915。

50　美璋曾向政府多次註冊自己的作品，參見*The Hong Kong Gazette* (15th February, 1907), p.159.

51　美璋1901年刊登的廣告提到：「有無恥之徒，敢將本號之相翻撮，貪圖射利，其中工絀，比較自明。」見「美璋映相告白」，《香港華字日報》1901年8月5日。

52　美璋的代表律師曾明言，「但原告（即美璋）之意，本無斤斤之志，在憲台懲罰多少，不過欲被告自後不再將此虎片行世，以侵其權利，是真意也。」參見「兩審老虎相片案」，《香港華字日報》1915年3月20日。

53　「老虎案初次提審」，《香港華字日報》1915年3月19日；*The Hong Kong Daily Press*, 19 March 1915；*The Hong Kong Telegraph*, 19 March 1915。

54　「兩審老虎相片案」，《香港華字日報》1915年3月20日。

55　當日檢控的內容可譯作：「被告在1915年3月15日，以欺詐意圖販賣兩張載有其公司名字，但並非其公司所製作的虎屍照片。」原文："He on the 15th March, 1915, did fraudulently sell two photograph prints of a dead tiger, having thereon the name of the defendant's firm, which did not make such work."

56　*The Hong Kong Telegraph*, 6 April 1915

西營盤常豐里老福德宮

黃競聰

長春社文化古蹟資源中心

一　前　言

　　西營盤是一個華人聚居的老區。如果細心考察會發現這裡卻沒有一座具規模的廟宇,惟巷里內供奉土地和伯公的神壇。[1]西營盤的土地神壇亦以用神像來供奉,老街坊每天定時上香拜祭,祈求出入平安。每逢初一、十五更會帶備香燭、神衣祭祀,其中較大規模要算是常豐里老福德宮。是次文章,將回顧常豐里老福德信仰,從而了解民間信仰與地區發展互動關係。

二　西營盤簡史

　　西營盤的範圍是指上環以西、石塘咀以東,南至般咸道,北至海旁一帶。從字面來解釋,西營盤可以分拆為兩部份:「西」代表其位置,「營盤」翻譯自英文Encampment,解作「古代軍隊或地方武裝勢力駐紮的地方」[2],意謂「位

1　反觀上環有文武廟,比西營盤發展得更遲的堅尼地城也有魯班先師廟。

2　饒玖才:《香港的地名探索》,(香港:天地圖書,1999年再版),頁174。

於西方的營房」。港島英屬以前，西營盤人口稀少，史書未載有村落。皇后大道西還未築成前，沿海地帶很窄且曲折；西營盤地處斜坡之上，多石山，滿佈密林，難以立村。自香港英屬初期，該地劃作駐兵之地，名「西營房」(Western Encampment)。及後，太平天國之亂，內地逃難遷入者眾，港英政府為方便管理，遂劃出此地供他們居住。自此以後，西營盤由最初軍營，逐步演變為市鎮。

三　香港土地信仰

土地崇拜源自社與稷的祭祀。許慎《說文解字》云：「社，地主也」。社神名后土，亦即司土，乃掌管土地之神明。傳統以來，每二十五家為一社，每社設一社壇。每年春分、秋分舉行社祭，聚集街坊父老，謂之飲社酒。稷即后稷也，是農業守護神。後來，中國人逐漸將兩者合併拜祭，並以石頭作為象徵物。[3]新界鄉村常在村口置有神壇，供奉伯公和福德，負責保護村民安全。土地在神仙譜系中品位低微，但與人的生活息息相關，特別受人崇拜。香港客家人多稱呼土地為伯公，本地人和潮州人則稱呼為福德。為了識別土地的職能，土地的名稱會標示守護的位置，如井頭伯公、榕樹伯公和護圍大王等。

隨着社會發展，土地的外型愈趨人格化，樣貌狀似慈祥老伯伯。後來，又覺得土地公公一個人太孤單，於是在祂的旁邊供奉了土地婆婆。神像的造型亦跟隨時代演變，拜土地不單保佑出入平安，更演變保護財富的神明。從前，手執拐杖的長者，改為手捧元寶的大老爺，很容易將兩者混淆。2014年，香港土地誕納入〈香港首份非物質文化遺產遺清單〉，即「香港不同的社區於每年農曆正月籌辦土地誕，

3　蕭國健：《香港歷史與社會》，(台灣：台灣商務印書館，1995年第一版)，頁48。

以慶祝土地壽辰」[4]，共計有九個，新界區有七個，港島區就只有常豐里老福德宮入選。[5]

四　西營盤老福德宮

常豐里是直通西營盤第二街與第三街的巷里，老福德宮建於梯級上平台的街廟。街廟內有花崗岩石的神壇刻有「宣統元年歲次己酉端陽重修」[6]，即是1909年前該街廟已經存在。1982年，副民政主任陳運武到訪老福德宮，鼓勵該會會員申請登記作選民。席間，時任主席李錦泉致歡迎詞：「西區常豐里老福德宮，創自遜清同治年間，西區居民坊眾虔誠信奉，香火鼎盛。」[7]如果這說法成立的話，老福德宮的歷史可追溯到1860年代建立，但年代久遠，缺乏任何文獻的記載，實際興建年份已無從考究。

許舒推測常豐里老福德宮的建立很可能與1894年鼠疫有密切的關係，因之當時常豐里是疫症重災區，居住這地帶的苦力幾乎患病而死去。[8]二次大戰以前，西營盤老福德宮深受當區居民和苦力的信奉。善信組織「銀會」，意即捐款到一定的金額，正誕當天會分配胙肉。每年信眾都會組織賀誕活動。報載，西營盤常豐里福德祠在神誕當天，均會供奉數

4　香港首份非物質文化遺產遺清單：https://mmis.hkpl.gov.hk/zh/ich

5　按香港首份非遺清單載，香港土地誕包括：上水金錢村、上水圍大元村、大澳半路棚、大澳創龍社、大澳福德宮和元朗南邊圍、西區常豐里和土地婆婆誕。

6　神壇另刻有1910年統理周裕蘭茶莊、協理裕興隆、庚戌大值理李榮泰、魏福記、祥泰號、廣生號、合隆號、松記號、悅珍號、梁勝記、德順號、廣財利、李秋記、占元號。

7　華僑日報，1982年8月26日，〈副民政主任陳運武　訪老福德宮聯誼會 推動地方行政選舉〉。

8　黃競聰：《拾遺城西：西營盤民間文獻與文物選錄》，(香港：長春社文化古蹟資源中心，2015年9月)，頁185。

十頭金豬，賀誕場面何等熱鬧。[9]有趣的是，1922年海員大罷工，導致物資供應短缺，物價急升，百物騰貴，連帶豬肉價格較去年急升三倍。由於豬肉價格太昂貴，當年取消派發胙肉，一律改派現金。[10]西營盤福德祠更會邀請戲班，演出神功戲，酬謝神恩。翻查香港保良局的文獻，於1934年2月28日，西營盤土地誕負責人曾捐款26元，換取神功戲執照。[11]

　　戰後初期，港島西區有三所香火鼎盛的福德宮，分別是太平山福德宮、常豐里老福德宮和福壽里福德古祠。若論賀誕盛況，常豐里福德祠和太平山福德宮稱得上是一時瑜亮，至於福德古祠被報章稱為「只略具雛形而已」。[12]福壽里福德古祠的香爐刻有「光緒貳十年歲次甲午」，說明此街廟的歷史追溯自1894年，這比起老福德宮現存文物證明更悠久。[13] 從非遺清單資料顯示，福壽里福德宮被稱為「祖居」。據非善信的老街坊指，常豐里老福德是從福壽里福德宮分香而來，如第二街友記理髮(已結業)陳師傅說，「常豐里老福德宮是由福壽里搬過來的」。[14]亦有一說法稱，福壽里福德宮供奉土地婆婆，常豐里老福德宮則供奉土地公公。各種傳聞不一而足，莫衷一是。

　　西營盤兩所福德宮賀誕日子並不一致，常豐里老福德正

9　二戰以前，上環太平山街水巷土地廟的賀誕活動同樣熱鬧，更會在東華醫院後面空地舉行搶花炮，由於賀誕人士爭相搶奪，觸發打鬥事件，最終撫華道勒令禁止。詳見鄭寶鴻：《百年香港慶典盛事》，(香港：經緯文化出版有限公司，2014年6月)，頁88。

10　香港華字日報，1922年2月17日，〈土地誕胙肉改分作胙金〉。

11　香港保良局文獻：《1928年1月至1934年4月來往數結簿》，頁96。香港保良局創辦初期，收入不足，普仁街會址落成後，港英政府諭令各區神誕和醮會負責單位需捐助籌備總款百分之二十作局方經費，代替領取演神功戲執照的行政費。

12　華僑日報，1948年3月30日，〈昨日土地誕 各福德宮香火冷落 酬神花炮寥寥廟祝收入大減〉。

13　福壽里福德宮香爐刻文。

14　第二街友記理髮陳師傅，2012年3月21日。

西營盤老福德宮寶誕

誕是正月十八，而福壽里福德古祠則是正月二十。按一些老街坊的回憶，上世紀六、七十年代的老福德宮賀誕場地在今街廟對出的第一街遊戲場，即今正街街市至西營盤站出口的位置。老街坊最有印象的是有木偶戲表演，且有舞獅助慶，參與善信動輒過百人。直到上世紀八十年代初，有發展商在該地興建屋苑，附近修建正街街市，賀誕場地遷回街廟旁搭建竹棚。至於有關福壽里福德誕亦會懸掛花牌，善信帶備衣紙和祭品來賀誕。

五　西營盤老福德宮聯誼會

　　1974年，西區常豐里老福德宮聯誼會購置會所，並正式註冊為社團組織，代表西區老福德宮信仰步入新里程。同年9月17日舉行會所揭幕儀式，當晚成立首屆老福德宮聯誼會職員就職聯歡大會，任期每二年一屆。[15]禮成後有歌曲遊藝

15　每位擔任西營盤老福德宮聯誼會值理可獲贈花燈一盞，他們大多是西營盤的店舖東主，故習慣放在店舖當眼處。

助興。[16]第三屆主席梁有錦在致詞中提及該會的宗旨：「以
奉老福德公□□，□選會章為會員謀福利外，更□重群育，
體育康樂活動，組織足球隊，經常參加區際足球賽，並獲得
分區冠軍，此乃各球員充分體育道德精神所致……」隨着西
營盤老福德宮信仰聲名日隆，政府官員和商紳亦有參與賀誕
活動，前者如港島民政專員許舒曾多次擔任主禮嘉賓[17]，後
者如鄧肇堅爵士受邀主持開光儀式。1978年，開光儀式由會
長梁有錦、嚴九及主席李錦泉陪同鄧爵士進香，並致祝詞，
禮成後更設茶會聯歡。又主禮人黃秀山、廖烈文先後致勉
詞：「希望該會積極參與社會服務，支持政府推行清潔，撲
滅暴力罪行運動，共保坊眾安寧。」[18]由此可見，西區常豐
里老福德宮聯誼會的功能不再局限祭祀活動，提供會員的福
利，而是更一步擴展至社會服務[19]，積極支援弱勢社群。[20]

六　老福德宮民間信仰活動

過去，常豐里老福德宮仍會在常豐里搭建竹棚舉行「
西區常豐里老福德宮寶誕」和「西區常豐里老福德宮盂蘭勝
會」，形成了獨特的祭祀空間。

過去筆者曾考察過老福德宮寶誕祭祀儀式，於正月十

16　華僑日報，1974年9月18日，〈老福德宮聯誼會 首屆職員就職 自
　　置會所開幕〉。

17　華僑日報，1971年2月15日，〈西區街坊祝老福德宮誕 許舒專員
　　為神像開光禮 今明日演木偶戲及醒獅娛坊眾〉。

18　華僑日報，1978年2月26日，〈老福德宮聯誼會 昨賀誕就職聯歡
　　鄧肇堅主開光黃秀山監誓〉。

19　1982年8月25日，中西區副民政處副民政主任陳運武特意探訪聯誼
　　會，收集地區的意見，推廣地方行政選舉，鼓勵成員能在不久舉
　　行區議會選舉踴躍投票。詳見華僑日報，1982年8月26日。

20　1987年西營盤福德公婆善長捐款1000元，支持華僑日報救童助學
　　運動。詳見華僑日報，1987年9月5日，〈西區福德公婆善長 捐款
　　一千救童助學〉。

八舉行，屬於二畫三宵的法事。[21]首日老福德宮廟祝「保民有道土地福神」木牌神像擺放在神檯上，供聯誼會值理齊集老福德宮集體上香。跟着喃嘸師父進行行朝儀式，巡遊西營盤街道，豎起十三支幡桿。完成後，喃嘸師父返回廟旁替大士王畫像開光，然後再邀請主禮嘉賓為老福德神像主持開光儀式。當晚舉行西區常豐里老福德宮聯誼會聯歡會暨同人春節聯歡讌會，飲宴期間，有舞獅採青表演後，便開始競投福品，籌集經費。競投成功者會向福德公上香。[22]翌日，喃嘸師傅舉行朝幡儀式和誦經，隨後值理和善信輪流上香和化寶，再到福壽里福德古祠參拜。晚上進行祭大幽，俗稱「坐蓮花」。嘸喃師傅進行施食儀式，祭祀孤魂野鬼，分衣施食，超度放生。完成後，代表醮會已接近尾聲，值理會負責送走大士王，亦即是化大士。[23]

　　每年農曆七月初八至十一，常豐里老福德宮舉行盂蘭勝會，超渡當區孤魂野鬼，追悼已故會員，發揚慎終追遠的孝心。搭建祭棚期間，主辦單位張貼告示：「謹啟者：本屆舉行盂蘭勝會建醮，謹詹吉期夏曆七月初八至十一連宵。敦請　念佛法事普渡無主孤魂陰施陽濟廣結善緣功德無量，吉期虔誠假座第二街常豐里。」特別的是，籌辦單位會禮聘喃嘸師傅和天德聖教師傅共同祭祀，此類混合式的法會鮮見於香港法會。據周樹佳研究，這種混合式的法會始於2004年，首尾兩天儀式由喃嘸師傅負責，中間誦經部份由天德聖教負責。[24]凡捐款達一定的數額，大會派發一張領取福品單據，可憑收據換取福品乙份。善信相信吃過經喃嘸師父誦經的福

21　上世紀八十年代初，老福德宮誕曾舉行四日五夜的祝誕建醮活動。詳見華僑日報，1982年8月26日。

22　黃競聰，2009-2012年西營盤常豐里節慶活動考察筆記，未刊。

23　大士王又稱鬼王，職責是維持醮場的秩序。不少鄉村化大士，傳統規定所有人要噤不出聲，完成後爆竹聲接踵而來。跟著鑼更齊鳴，打醮便正式結束。

24　周樹佳：《鬼月鈎沉：中元、盂蘭、餓鬼節》，（香港：中華書局，2015），頁271-275。

品，將得到神靈保佑。

七　常豐里老福德宮信仰之式微

　　隨着西營盤人口老化，參與西營盤老福德宮信眾日減，部份核心支持該會的成員相繼去世，或因退休失去經濟能力支持賀誕活動。如創會人潘春於1984年去世，享年66歲，他先後任職西區業主聯誼總會副主席、西區街坊會理事、夏漢雄體育會顧問、歷任東莞工商總會理事、春記雞鴨店東主。[25] 潘春先生熱心社區服務，公益事業不遺餘力，對老福德宮聯誼會貢獻良多，深受西營盤街坊愛戴。[26]

　　港島西鐵路通車前幾年，西營盤陸續出現大量舊式樓宇收購，有的等待時機再重建，有的拆卸重建。第一街、第二街納入重建計劃，市建局收購了常豐里老福德宮聯誼會的會址，重建為今縉城峰，很多老善信搬離西營盤，新住戶對老福德宮信仰活動沒有認識，甚至覺得祭祀活動影響了他們的日常生活。每次祭幽活動，常豐里置有一個大士王紙紮神像，但是經常遭人投訴，火化大士王會造成煙灰四飛。籌辦單位不勝煩擾，多一事不如少一事的心態，決定返潮州造潮州大士王鏡畫，以求一勞永逸。[27]

　　2014年，西區常豐里老福德宮聯誼會因人手不足，加上入不敷支，盂蘭勝會宣告停辦。翌年，常豐里老福德宮寶誕會亦縮細規模，不再搭棚建醮，而是改作簡單祭祀化衣儀式。不過，西區常豐里老福德宮聯誼會仍維持燒肉會傳統，

25　華僑日報，1984年7月11日，〈老福德宮聯會副會長　潘春逝世十三出殯〉。
26　潘老先生出殯時，由中西區區議員和地區組織領袖扶靈柩出禮堂。隨後靈車前往西營盤老福德宮會所及恆陞大廈業主案法團門前舉行路祭，備極榮哀。詳見華僑日報，1984年7月15日，〈老福德宮聯誼會副會長殷商潘春舉殯榮哀〉。
27　2009年開始改用鏡畫代替，主辦單位覺得既節省紮作費用，又可循環再用，更加免卻街坊的投訴。

近年西營盤重建步伐急速，很多老街坊搬離社區，當區不少傳統風俗面對傳承困難，其中常豐里老福德宮因人手不足，取消舉辦盂蘭勝會。

在寶誕舉行競投活動。

八　結　語

　　西營盤位於港島北岸的西部，是百多年前早期殖民時代規劃的山城。近年，西營盤重建項目接連開展，鐵路網絡直抵港島西部，正街的行人扶手電梯亦投入服務。西營盤正處於新舊交替的重要時刻，不少時尚名店和高級食肆進駐，更吸引大批年輕人士遷入該區，使西營盤面對翻天覆地的變化。相對而言，傳統老店和民間信仰反過來造成重大的傳承的危機。鐵路通車前後，常豐里老福德宮兩個節慶活動相繼停辦，正好是最佳證明。

略談關德興師傅的道教信仰及
其「封神」之路

樊智偉

香港道教文化學會副會長

　　關德興　(1905-1996)，是香港著名粵劇和電影演員，有「愛國藝人」之美譽。其主演的「黃飛鴻」系列電影是全世界電影史上部數最多的電影，已列入健力士世界記錄。關師傅本身是道教弟子，羽化後被封為「關德興護法大將軍」。他畢生尊崇關聖帝君，家中供奉聖像，多年來早晚頂禮上香，其藥局及寶芝林涼茶店亦然。每逢路過關帝廟，必入內叩拜。其羽化之日，正是關帝誕當天，故有說是關公接引而去。[1]今從關師傅的生平勾勒出其信仰道教及「封神」之路。

一、與「神」結緣

　　關師傅自小父親離世，母親一人獨力養育他和弟弟，每天晚上十一點仍為人家洗衣服賺錢，所以關師傅十分感動，一生侍母至孝。據其自傳提到，他初出生時家裡發生大火，媽媽和他、弟弟在閣樓中，火勢漸漸猛烈，眼看是不能逃出來。正在危急及昏厥當頭，沒有活路，母親大聲誦唸《觀

1　參考自文鎮：〈敬悼關德興宗叔　(四)　——仙遊之日正逢關帝誕〉，刊於《東方日報》之《敬悼關德興宗叔——仙遊之日正逢關帝誕》系列，1996年7月連載，共30期。

世音菩薩大悲咒》。在迷迷糊糊之間，母親看到一隻巨大的手，將他們三人救了出來。醒來之時，他們已離開險地，到達安全的地方。因此，他們一家特別尊崇觀世音菩薩。

關師傅在七歲那年因為失學，整天與頑童玩耍，某天在打鬧中被運送磚頭的木頭車輾過手指，立時痛昏。突然在漆黑中有一位白髮白鬚的老人出來，撫摸他的手腳，暖意即時令手腳之傷立癒，自此一家深信是土地公公救命之恩。因此，關師傅一生敬信神明；後來日軍空襲，他多次死裡逃生，也深信是神明庇蔭。[2]

二、崇尚道德，救國救民

關師傅一生敦品勵行，曾在自傳說：「我一直以來就抱住一個宗旨做人，決不做有虧良心的事。雖則我沒有機會入學，憑自修也讀過不少古聖賢的書，對於我國傳統上的道德觀念，極表贊同和維護。」在越南「走埠」時，當地花街交易的價錢只需一兩毛錢，但關師傅從不涉足，當地華人知其品性，送上「長紅」：「無時下伶人積習，有潔身自愛美德」。這對「長紅」後來懸掛在香港的高陞戲院的台口上。

抗戰時，關師傅可謂出生入死，日本人一直在追殺他，每次關師傅都在生死之間擦過。抗戰初期，關師傅先捐出自己的名車，並在香港籌集了七部戰機。後來，他到美國成立「三藩市救國總會」發動華僑捐錢「獻機救國」，並穿州過省到處獻唱救國歌，表演功夫。又曾於大冷天跪在街頭行乞籌款，購買了九架救傷車、三噸半衣服及大批善款送回國內支持抗日救國。

關師傅曾於三藩市舉辦「華埠之夜」，一晚籌得三十萬

2　此節內容參考關德興口述，馬雲執筆：《關德興自傳》，原載《東方日報》，載錄自《愛國藝人——關德興的一生》。香港：《關德興的一生》編輯委員會出版，1996年。

圖一　1994年，關德興師傅出席在新加坡舉行的「第一屆世界道教會會議」開幕儀式，左一為羅紫彥道長。(圖片出處：《愛國藝人——關德興的一生》)

美元 (1937年的幣值)。1938年，關師傅回港組成「粵劇救亡團」及繼續日夜募捐及購藥，再寄回國內救急。1939年救亡團誓師出發回國效力，在大後方宣傳抗日，慰勞傷兵。1940年，關師傅又往菲律賓宣傳反日及募捐。1941年香港淪陷，在愛國人士掩護下回到國內義演及募捐，一直堅持抗日，故有「愛國藝人」之美譽。[3]

三、演「關戲」奇遇

對於戲劇，關師傅由小便喜歡，常溜到戲棚看粵劇的演出，尤其「關、岳」這表揚忠、義、節、烈的粵劇，更加嚮往。看完回到家仍覺印象難忘，常手舞足蹈，學唱兩句。

1949年，關師傅在越南「三多戲院」因趕戲，演完「別窰」一劇後即需用膳，無暇沐浴，便又飾演周瑜出台，之後又改飾演關公。至「守華容」一場，配合馬僮「大番」而出，即告馬步不穩，一膝跪下，連「盔頭」與鬚一併跌下，膝蓋亦受傷，惟認罪不潔，方能演完。

1954年底，關師傅劇團於香港九龍普慶戲院，日演「平

3　同註2。

圖二　關德興師傅在關聖壇前留影。(圖片出處：《愛國藝人——關
　　　德興的一生》)

貴別窰」，因落力過度，突患抽筋，症甚嚴重。夜戲「守華
容」本不能再演，但因不欲班主損失，勉強飾演關公出場。
不料出台時，如有神助，絕不見得辛苦，在其平時演「守華
容」一劇，出台演「四門頭」、「絜架」後，已汗流浹背，
惟此次一直演至完場絕無汗流，至為奇蹟。

　　又於1957年，關師傅在九龍大觀製片場拍彩色「關帝送
嫂」，當其飾演關公上馬時，見場內佈置混亂，所用道具之
關刀又脫柄。惟恐不能開拍，忍不住大喝一聲。及表演時，
馬忽失蹄墜下，幸該馬未有翻身。經此事後，關師傅悔悟飾
演關帝時必須要有修養。[4]

四、建武聖堂，印贈善書

　　1958年關師傅在香港建立「武聖堂」，奉祀關帝聖
像。1961年關師傅編集重刻盧湛彙輯之《關聖帝君聖蹟圖
誌》二千本，在〈後序〉提到：「計原書為仁、義、禮、
智、信共五冊，今改為忠、義、仁、勇四冊，除原書一字

4　此節內容參考陳鐵兒：〈武聖堂集〉，收錄《關聖帝君聖蹟圖
　　誌》增集卷之四，　關德興藏版。香港：廣信印務公司，1961年
　　印，香港中文大學及香港大學圖書館有藏，頁十四至十五。

不易照版仿製，僅書號仁部改忠部，仁義號改義部，智信號改仁部，今增刊勇部，至增刊所集，為原書所未有。」[5]當年他自美國回港後，在銅鑼灣百利酒樓會晤友好、政壇人士、八和同業及新聞界近二百人，與會者均可獲贈一套善裝精印《關聖帝君聖蹟圖誌》。[6]

圖三　1967年關德興師傅往美國贈送《關聖帝君聖蹟圖誌》。(圖片出處：《愛國藝人——關德興的一生》)

　　關師傅在1967年以「文化大使」身分走訪美國各大城市演出時，曾分別向白宮、美國國會圖書館和五十個州贈送一套《關聖帝君聖蹟圖誌》及《寶松抱鶴記》(雲鶴山房印贈)；而其後亦分別再贈送《圖誌》給日本首相和新加坡總理。到了1994年出訪美國加省，關師傅仍有贈送此書。

五、皈依道門

　　1981年關德興拜丹道師傅李楚甲為師（紫靜琅苑前住持黃國鎮道長之恩師），學習丹道靜功；後與黃國鎮於沙田信善玄宮入道皈依。1994年關師傅與信善玄宮之羅紫彥道長同往新加坡出席「第一屆世界道教會會議」，並任開幕禮剪綵

5　關德興撰寫之〈後序〉，收錄在《關聖帝君聖蹟圖誌》增集卷之四，關德興藏版。香港：廣信印務公司，1961年印，香港中文大學及香港大學圖書館有藏。

6　參考自文鎮：〈敬悼關德興宗叔(二)——巨冊「聖蹟圖誌」尊崇關公〉，刊於《東方日報》之《敬悼關德興宗叔——仙遊之日正逢關帝誕》系列，1996年7月連載，共30期。

圖四　關德興師傅練功
圖。(圖片出處：
《愛國藝人——
關德興的一生》)

嘉賓。關師傅曾說過，自己是「道密雙修」，平日練的是「無為功」。每天起床他都習慣拜神，每次參拜一個小時才算是大功告成。[7]另外，關師傅又曾於北角繼園街的「崇珠佛社」修習密法及道術，而他更擔任該佛社副會長，法號「慧舜」，與青松觀前觀主侯寶垣道長同樣是該社的同修。今崇珠閣仍保留關師傅手書的對聯：「念佛念心心念佛，參禪參性性參禪」。[8]

關師傅與香港道門中人亦關係良好，亦間中出席道堂活動，1991年嗇色園七十周年紀慶開幕禮，關師傅也有出席。同年關師傅85歲壽宴，嗇色園董事也受邀出席。2019年香港道教聯合會在中央圖書館舉辦「中華文化古書畫文物展」，便展出了關師傅於1961年贈送給蓬瀛仙館關秋道長的手書字畫，上書：「論道理則不言鬼神禍福，正人心必須講報應災祥。聖帝寶訓，辛丑春，關秋家兄。德興。」而此兩句經文便是出自《關聖帝君警世文》。

六、與金花娘娘結緣

1981年關師傅到日本公幹，有一晚在酒店打坐，見到一位身穿鳳衣的女仙，自稱是坪州「金花娘娘」，希望關師

7　參考《愛國藝人——關德興的一生》。香港：《關德興的一生》編輯委員會出版，1996年。

8　關於陳樹渠，他是廣東軍閥「南天王」陳濟棠的五兄陳維周之兒子。陳維周是清末秀才，曾任國民政府廣州鹽運吏及禁煙局局長。來港後，為安頓家人及一眾同鄉，在北角收購了繼園山，故繼園街所在地區與陳氏關係密切。另外，關於崇珠閣佛社與道教之關係，可參考《道心》第二期。香港：香港道教聯合會出版，1980年，頁33。

傅可以為她引香火。 [9]同一時間，金花廟住持葉金蘭 (蘭姐)
亦於晚上夢見金花聖母表示關師傅將會到坪州向金花聖母祝
壽，並吩咐葉金蘭接待他。第二日葉金蘭便把此消息告訴其
他善信，但相信的人不多。到了金花聖母聖誕當日，關師傅
果然親到到坪州為金花聖母賀壽。此後，關師傅便時常到坪
州祭拜金花娘娘。每年關師傅的壽宴，例必恭請金花聖母寶
像到會場「坐鎮」及上香。

　　初期，關師傅每次祭拜後都會染病，但關沒有放棄，兩
個月後的一個晚上，當他打坐時，金花聖母顯靈表示這兩個
月是為了考驗他的誠意。由於關師傅已通過考驗，所以金花
聖母便隨即傳授練功秘訣，並表示他不僅會身體健康，地位
也會因而提高。於是，關師傅正式拜金花聖母為師，數月後
果獲英女皇頒授員佐勳章MBE勳銜。

七、升格為神

　　1995年，關師傅往美國前先到坪洲向金花聖母辭行，聖
母顯靈詢問關師傅是否願意接受新任務，普渡眾生。關師傅
表示在他的能力範圍內，願意接受這任務。翌年 (1996年) 關
師傅仙遊的第二日，金花廟住持葉金蘭及眾善信得金花聖母
顯靈指示，由於關師傅生前廣積功德，故獲封為「護法大將
軍」，協助金花聖母普渡眾生。

　　葉金蘭告知關師傅的兒子關漢泉，關師傅已成為護法大
將軍。關漢泉便聯同其他師兄弟，一起籌備有關封神儀式。
農曆八月廿七日 (即關德興仙遊一百零三日後)，由區域市政
局主席林偉強負責為神像點睛，在醒獅的簇擁下，關漢泉手
捧「關德興護法大將軍」的神像安放入廟，然後由來自世界

9　參考2006年5月25日《蘋果日報》，標題：「關德興與舍利
　子」，及葉銳霆、鄧麗鶯：〈香港鬼神的故事—關德興護法
　大將軍：人而神的現象〉(網站：http://mypaper.pchome.com.
　tw/philomoon/post/1276169362)

圖五　「關德興護法大將
　　　軍」銅像。(圖片出
　　　處：「港文化‧港
　　　創意」網頁)

各地的徒弟上香。之後不少坪洲居民也上香，恭賀關德興師傅成為「護法大將軍」。自此，每年逢農曆八月廿七日為「關德興護法大將軍成道寶誕日」。據游子安教授在〈「功德成神」──從關師傅成道誕談到關帝善書〉一文提到：「甫踏足寧謐小島（坪洲），迎面而來的是鮮豔奪目的花牌、旗海，廟前路口『金花廟關護法大將軍成道寶誕』花牌高懸，平添熱鬧氣氛。」[10]可見其盛況。

　　「關德興護法大將軍」的神像有兩個，一為木像，一為銅像。起初的木像是有規定的，身高指定十三吋，質料是木，而造型則是參考關聖帝君聖像。「關德興護法大將軍」左手拿扇，右手拿劍，代表他能文能武。劍上刻上「關德興護法大將軍」字樣。五年後 (2001年)，由於「關德興護法大將軍」受了一定的香火，便可以轉換神像。這次的神像改用纖維性質物料，唯其外型與之前一樣，亦是現在沿用的神像。另外，據關漢泉表示，關師傅遺體在火化時留下一些「舍利子」，家人將其中一粒交給葉金蘭，並安奉在坪州金花廟內。[11]

　　現時大家往坪洲「金花廟」，其匾額刻有「題壬戌（1982）重修，弟子關德興敬書」。1987年關師傅又敬書：「如能孝慈忠義，賜你心想事成」，勸導善信參神不忘道德善功。關師傅一生行善積德，與其生平篤信關聖帝君不

10　游子安：〈「功德成神」──從關師傅成道誕談到關帝善書〉。收錄在《根本月報》2013年12月號。(香港大學中國歷史研究文學碩士課程同學會主辦)。

11　見2006年5月25日《蘋果日報》，標題：「關德興與舍利子」。

無關係；而他的愛國情懷更是不容置疑。在1991年華東水災的籌款電視節目上，87歲的關師傅當眾下跪叩頭，呼籲大家捐款，這個畫面相信不少港人仍有記憶。隨後他跟率弟子到處勸捐，拜訪富商解囊，籌得1200萬港元！更包起國內十八間服裝加工廠，趕工縫製了二十多萬件棉衣送給災民過冬，其「愛國藝人」之美譽實在不虛。

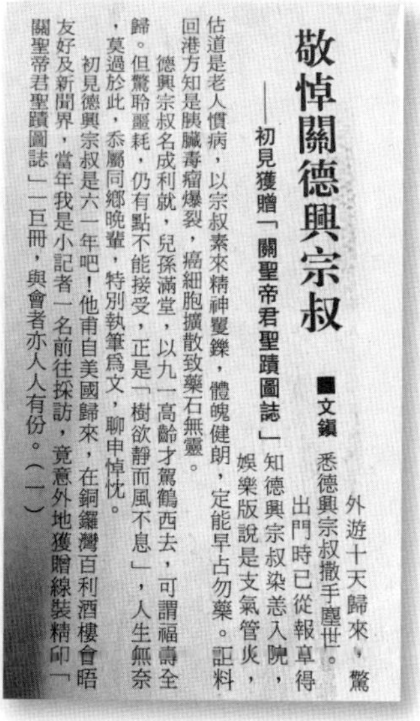
敬悼關德興宗叔
——初見獲贈「關聖帝君聖蹟圖誌」
■文鎮

外遊十天歸來，驚悉德興宗叔撒手塵世。出門時已從報章得知德興宗叔染恙入院，娛樂版說是支氣管炎，估道是老人慣病，以宗叔素來精神矍鑠，體魄健朗，定能早占勿藥。詎料回港方知是胰臟毒瘤爆裂，癌細胞擴散致藥石無靈。

德興宗叔名成利就，兒孫滿堂，以九一高齡才駕鶴西去，可謂福壽全歸。但驚聆噩耗，仍有點不能接受，正是「樹欲靜而風不息」，人生無奈，莫過於此，忝屬同鄉晚輩，特別執筆爲文，聊申悼忱。

初見德興宗叔是六一年吧！他甫自美國歸來，在銅鑼灣百利酒樓會晤友好及新聞界，當年我是小記者一名前往採訪，竟意外地獲贈線裝精印「關聖帝君聖蹟圖誌」一巨冊，與會者亦人人有份。（一）

圖六　文鎮撰寫的〈敬悼關德興宗叔〉，於1996年7月《東方日報》連載30期。

縱觀關師傅一生之遭遇來看，他由孩童時遇到的神秘經驗到抗戰時多次死裡逃生、演戲時的奇遇等，都令他對道教的神明信仰深信不疑。此外，中國自古已有「功德成神」的觀念，道教教義亦有積德成仙之理念。關師傅一生積累無數善業功德，故不少人相信他已證聖成真，而遺下的舍利子更令人對證道之說深信不疑。再者，關師傅救國救民之忠心、尊崇神明 (包括關帝、呂祖、金花娘娘等) 、致力踐行仁義等，這完全符合道教成仙之條件；加上金花娘娘廟負責人葉金蘭的見證，及關師傅對金花娘娘的敬信，成就了關德興成為護法神的因緣。

香港三棟屋村四必堂陳氏家世源流考[1]

葉德平

香港中文大學專業進修學院

【摘 要】

　　香港荃灣三棟屋村「四必堂陳氏」為區內望族。其族人歷任荃灣鄉事委員會十四屆主席，對區內，乃至於新界發展，貢獻良多，可謂香港客家族群的典範。1983年，三棟屋村因地鐵工程搬村，原址改建為「三棟屋村博物館」，是香港重要的客家文化博物館。可惜關於「四必堂陳氏」的研究不多，有關其家世源流的研究尤少，故本文擬依據《四必堂陳氏族譜誌》（1976年）、《四必堂陳氏族譜誌》（1999年）、三棟屋博物館所藏文獻和現任村代表（俗稱「村長」）陳錦康先生提供之資料，梳理「四必堂陳氏」的祖籍源流。

【关键词】

　　客家；荃灣；三棟屋村；四必堂陳氏

一、導 論

　　1898年，即英國強租新界的時候，荃灣人口大約只有三

1　鳴謝：本篇文章的不少資料是由荃灣鄉事委員會主席邱錦平先生和現在三棟屋村村長陳錦康先生提供，謹此致謝。

千人左右；時至今日，經過了一百二十多年的發展，荃灣人口已躍升至逾三十一萬人，佔全港人口的4.2%。[2]今日，我們看到的荃灣是高樓處處，誰想到昔日只是一個窮鄉僻壤之處。

上世紀五十年代末，港英政府決定把荃灣發展成「新市鎮」；在此以前，荃灣主要由各個不同的客家村落組成。[3]荃灣，古稱「淺灣」，在明朝萬曆二十三年（1595）郭棐的《粵大記・廣東沿海圖》上已記有此地名。清嘉慶年間所編之《新安縣志》記「淺灣山在縣南九十餘里」，而在此地之上，有一屬官富司管轄的客籍村落，名為「淺灣村」。

清康熙、嘉慶年間修繕的《新安縣志》記載了一些客籍村落，它們都是由來自華南的客家人聚居建成的。而這些客家人都是在康熙復界以後，來到香港建村立業的。清康熙初年，朝廷為絕南明鄭氏之生計，下令包括廣東在內的沿海四省所有居民往內陸遷徙30里（一說20里），並設邊界嚴防。康熙22年（1683），施琅在澎湖大敗鄭軍將領劉國軒所率領之海軍，隨後鄭氏納土歸降。康熙皇帝聽從福建總督姚啟聖的建議，正式頒佈了「復界令」，並復置新安縣。是時，朝廷為充實新安縣人口，大力鼓勵原居於粵北、江西一帶的客

---

2 根據政府統計處2018年人口統計，當年荃灣區人口數為311,100（佔全港人口的4.2%）。

3 根據新界鄉議局編制的《新界原有鄉村名冊》紀錄，荃灣原有鄉村44條，而因搬遷、發展，今日只餘下35條（部分一村分拆為二村）。據荃灣鄉事委員會的編制，荃灣區共有35條新、舊鄉村，其名字分別是：國瑞道海壩新村、象鼻山海壩村、楊屋村、河背村、關門口村、荃灣三村、三棟屋村、老圍村、新村、咸田村、木棉下村、白田壩村、馬閃排村、西樓角村、海壩村南台、上葵涌村、中葵涌村、下葵涌村、深井村、清快塘村、排棉角村、圓墩村、青龍頭村、汀九村、油柑頭村、下花山村、大屋圍村、石碧新村、石圍角村、古坑村、二陂圳村、和宜合村、川龍村、九華徑村、九華新村。

家人南遷到香港。[4]而「淺灣村」[5]周圍的聚落都是在康熙復界以後，由客家人組建而成。這些村落組成鄉約組織，互相幫忙，清初統稱為「荃灣約」，後又改為「全灣約」，最後再改回「荃灣」。

　　本文研究對象為「荃灣約」[6]中的一條客家村落——三棟屋村。三棟屋村由陳健常開基，歷數代發展，成為「荃灣約」中其中一條極具影響力的村落。[7]三棟屋村因興建地鐵而於上世紀八十年代搬村，其原址今改建成「三棟屋村博物館」，是香港重要的客家文化博物館。雖然三棟屋村是荃灣，乃至香港，重要的客家村落，但圍繞着它的研究並不多。而且由於經歷搬遷，部分史料、文獻也隨之散佚。為了保存這段極重要的香港客家族群歷史，也為了填補這項研究

4　康熙年修《新安縣志》卷〈地理志・都里〉記：「況新安地方兵民雜處，又值遷析初復，土多民寡。間有招集異縣人民墾闢荒田，誠恐奸歹叵測，保甲宜嚴。」

5　據康熙年修《新安縣志》卷〈地理志・都里〉記，「淺灣村」與「葵涌村」屬「五都」村落，在「大帽山之外」。這些記於籍下的村落，在遷界時，「大半逃編他邑，今亦仍舊志而存其名。釐而正之，未易也。」；而嘉慶年修《新安縣志》卷二〈輿地一都里〉記「淺灣」於「官富司管屬客籍村落」名單之上；按此推論，在遷界前「淺灣村」業已建成（老圍村等正是建於明朝），而復界以後，「淺灣」之原來居民復業不多，取而代之的，是一群客家人，於是形成了客家「淺灣村」。

6　據新界理民府荃灣理民官兼市鎮專員(Town Manager & District Officer Tsuen Wan)許舒博士(James William Hayes)記述，荃灣共有海壩、葵涌、青衣及石圍角四個約。（詳見許舒：《滄海桑田話荃灣》（荃灣：滄海桑田話荃灣出版委員會，1999年），頁28。）

7　荃灣鄉事委員會至今已是第三十一屆，其中第一至六屆（陳永安）、第十五至十六屆（陳浦芳）、第二十至二十五屆（陳流芳）均由三棟屋村陳氏擔任主席，合計十四屆，而其族陳永安更是荃灣鄉事委員會創會主席。又，陳永安曾任新界鄉議局第十屆（1947-1952年）主席。第十二、三屆主席陳永發來自關門口村，第十二屆副主席陳永來自咸田村，二人皆是陳任盛伯父侯德公後人。另外，陳永安曾在南園書室（即今日區內名校荃灣公立何傳耀紀念中學之前身）任教。

陳氏宏昭公遺稿

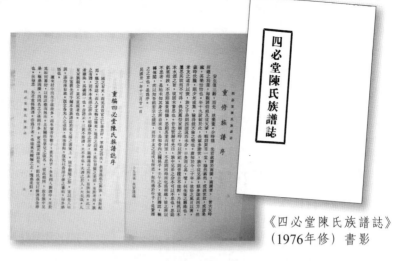

《四必堂陳氏族譜誌》
（1976年修）書影

《四必堂陳氏族譜誌》（1999年修）

空白，本文將依據《四必堂陳氏族譜誌》（1976年修）、[8]《
四必堂陳氏族譜誌》（1999年修）、三棟屋博物館所藏文獻
和現任村代表（俗稱「村長」）陳錦康先生[9]提供之資料，進
行研究，梳理三棟屋村陳氏的祖籍源流。

二、荃灣三棟屋村概述

　　荃灣三棟屋村，由四必堂陳氏創建，位於香港新界荃灣
青山公路北面，位於今日古屋里2號位置，由客家人陳建常

8　據該譜頁5陳文芳序記，書序之年份為「民國六十五年歲次丙
　　辰」，即1976年。

9　陳錦康：四必堂陳氏「章」字輩，為現任三棟屋村村長。其譜系
　　為：任盛→健常→叶鵬→宏昭→秉義→錦康。

三棟屋村原址平面圖

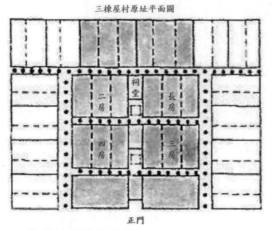

三棟屋村原址平面圖

創建。三棟屋村是香港傳統圍村，屬於中國傳統的三進式庭院，從平面圖看，可以看到全院由三排橫向房子組成。每所房子的屋頂有一根承重用的主樑，客家人稱之為「棟」，前廳、中廳及祠堂三廳合共有三根「棟」，故此名之為「三棟屋」。後來，因為宗族繁衍昌盛，陳氏族人在原來的建築群外圍搭建房屋，於是形成今日遺址面貌。再後來，因為人丁興旺，所以更在這遺址外圍，蓋建一些平房。

另外，有一點可以特別留意，據港英時期荃灣理民府官員許舒(James William Hayes)記述，昔日荃灣的村莊多為「前後橫排式佈局」，唯有三棟屋村和石圍角村是以「長方形」圍屋形式建築。[10] 由此可見，其村落當年之盛。而因三棟屋村開基祖有四兄弟，故祠堂名曰「四必堂」。

到了上世紀七十年代，因為興建地下鐵路的緣故，三棟屋村需要從原

三棟屋街道封閉建荃灣地鐵車廠
（《香港工商日報》1979年9月8日）

10　許舒：《滄海桑田話荃灣》（荃灣：滄海桑田話荃灣出版委員會，1999年），頁28。

三棟屋84年開放參觀（《香港工商日報》1982年9月21日）

址[11]搬遷到今日象山邨對出一帶。而其原址於1981年列為法定古蹟，1987年重修成三棟屋博物館後，正式開放予市民參觀。2016年6月，非物質文化遺產辦事處在三棟屋博物館設立「香港非物質文化遺產中心」，作為其展示和教育中心，透過多元化的教育和推廣活動，包括舉辦展覽、講座、研討會、傳承人示範和工作坊等，提升公眾對非物質文化遺產的認識和了解。市民可留意辦事處網頁上有關活動的消息。[12]

四必堂陳氏先祖經營有道，產業遍佈各處，今日大窩口一帶仍有不少四必堂名下的房子。又據許舒記述，1938年創立的荃灣商會初創時有15間店，其中有1間位於眾安街的中藥店，而該店正是由三棟屋村陳氏創辦，是「同業翹楚」。[13]再者，陳氏子孫，如陳永安、陳浦芳和陳流芳等曾歷任14屆荃灣鄉事委員會主席（2019-2023年為第31屆），協調荃灣一眾村落與港英政府溝通、聯絡，對荃灣區發展可謂影響至

11　即今日新界荃灣古屋里2號。據三棟屋村時任村長陳錦康先生和荃灣鄉事委員會時任主席邱錦平先生所述，三棟屋村屬「牛眠吉地」，風水極佳。

12　三棟屋博物館的面積約2,000平方米，建築佈局有如棋盤，左右對稱，中軸線上建有前廳、中廳及祠堂；圍村中央位置，分別為四間獨立的居室；位於左右及後排的橫屋，把整個村莊圍攏起來。詳見非物質文化遺產辦事處官方網頁(https://www.lcsd.gov.hk/CE/Museum/ICHO/zh_TW/web/icho/sam_tung_uk_museum.html)

13　許舒：《滄海桑田話荃灣》（荃灣：滄海桑田話荃灣出版委員會，1999年），頁45。

筆者根據三棟屋村陳氏族譜繪畫之《陳氏遷移地圖》

深。另外，區內著名中學荃灣公立何傳耀紀念中學是四必堂陳氏創建之私塾「南園書社」，[14]陳永安亦曾任教於此。

三、四必堂陳氏家世源流考

據現存《四必堂陳氏族譜誌》（1976年）[15]載十六世祖慶昭所書之《陳四必堂族譜序》所示，四必堂陳氏之祖先於明朝洪武年間（1368-1402年）定居汀州府寧化縣（今福建省三明市寧化縣）：「吾祖景公，元配金氏孺人，[16]生子九大房派，分散於各省州縣」。後，陳念五郎遷來龍川，成為陳氏龍川一脈之祖。明末，九世祖嘉衡公遷博羅。後，陳族一路往南遷徙，遷歸善、新安，最後十三世祖任盛公隨伯父

14 據《四必堂陳氏族譜志》（1999年）載陳永安撰〈重修族譜序〉記：「先君就讀於南園，南園者，曾大父時所建之別業。」

15 因緣際會，筆者從現任三棟屋村村長陳錦康手中借得《四必堂陳氏族譜志》，在此，再次向陳錦康先生致以萬分感謝。

16 清封七品官員之妻為「孺人」，然客家婦女很多時並非命婦，只是平民，仍稱作「孺人」。清嘉慶鎮平（蕉嶺）舉人黃香鐵《石窟一徵》載，在粵東客家地區「俗不論士庶之家，婦女墓碑皆書孺人」。鄒魯（1885—1954）《回顧錄》指相傳當日宋帝昺，為元兵所追，正溯江而行，而元兵至，舟子及隨從大駭，均棄宋帝昺而逃。正危急間，適上山客家樵婦一隊經過其處，皆肩荷竹杆，手提鐮刀，突然而出。元兵疑為救兵，驟然退去。宋帝昺於是得救，大喜，即指身上各物，為封贈客人婦女之用，並准客家婦女死後，一律稱為「孺人」。

伯德公遷到香港淺灣，後其子健常公到三棟屋村原址開基立業，建成今日三棟屋村。

陳氏遷龍川前概略

事實上，據陳流芳[17]所修之《歷代遷移一覽表》[18]，四必堂陳氏之先祖衡公早於元代已立籍福建省汀州寧化縣。後來，元佐公曾一度回居江西省吉安府泰和縣。到了贊公因任興寧學正，遷居興寧縣府。自從陳氏贊公一脈定居興寧縣，而各族凡屬贊公所分支派以興寧為故鄉者，多尊贊公為始祖。

龍川一脈概略：龍川→博羅→歸善→新安

傳承到第六代榮公，即族譜所記之「念五郎」[19]始由興寧縣遷到龍川縣，並立籍龍川縣駱岐團芬約橫湖（鐵心嶺）。嗣後，凡榮公念五郎所分支派以龍川為故鄉者，多尊榮公為始祖。

陳氏榮公，娶楊氏為妻，生一子法遊公。榮公原住興寧縣羊子嶺老屋，後移居龍川縣駱岐約團芬。死後，葬於其地鐵心嶺。

法遊公娶葛氏為妻，生子五人，為：永富、永貴、永寧、永昇、永興。永貴（又稱法仙公）遷龍川縣駱岐馮田面

17　陳流芳，BBS，JP（1928-2014），人稱「流芳叔」，曾任三棟屋村村長，荃灣區議會主席，荃灣鄉事委員會主席。陳流芳是香港殖民地時期最具影響力的鄉紳之一，是政府與鄉民之間重要的構通橋樑。在任三棟屋村村長期間，因應香港政府興建荃灣地鐵站，舊三棟屋村需要搬遷，他游説及帶領接近600名村民遷出舊村，遷往現時近象山邨的位置。全個搬遷僅需時26個月，可說創出當年搬村最快的紀錄。政府決意保留舊村原址並闢作「三棟屋博物館」，讓遊客了解客家人昔日的生活面貌。

18　《歷代遷移一覽表》：戊寅年十月十一日（1998年11月29日），（陳）流芳率陳族父老，往龍川東坑尋根，得東坑父老贈以珍藏手抄本族譜；參玫後，茲更訂陳族歷代遷移一覽表，及歷代世系表。

19　十六世祖慶昭所書之《陳四必堂族譜序》：「吾祖九十五陳念五郎遷來龍川，今葬於駱岐約芬團鐵心嶺。」

下角,死後葬羅瀝霸泠水坑。

法仙公娶袁氏為妻,生子二人:玉瑋、玉璿。玉璿(又稱法強公)遷至龍川東坑開基構造。四必堂陳氏乃法強公之後,1998年,陳流芳曾率陳族父老,往龍川東坑尋根。

自四世祖法強公開基立業於龍川縣東坑,歷傳至九世祖嘉衡公由龍川縣遷博羅縣(今隸屬惠州市)。嘉衡公娶駱氏為妻,生子三人:殿英、殿相、殿贊。死後,葬於歸善縣(今惠陽縣)。

殿相公娶妻賴氏,生子三人:萬泰、榮泰、際泰。康熙十三年(1674年),[20]殿相公率三子由博羅縣遷歸善縣碧甲司米塘約隔瀝洞上坡村。

萬泰公娶妻鍾氏,生子六人:舜德、公德、侯德、伯德、子德、男德。康熙五十八年(1719年),萬泰公攜同兄弟子侄等十餘人,於是年正月初九,由歸善縣遷居新安縣黃貝嶺羅芳。《陳四必堂族譜志》記萬泰公「因豎造不吉,財丁兩敗,一貧如洗,後倒堂另造」,重新營房屋,從此「家業克振,人丁昌盛」。其後,陳氏在乾隆五十八年(1793年)並將殿相公及其妻賴氏合葬於官富司六約洞望牛墩 。[21]

伯德公娶妻馬氏,生子三人:任盛、任就、任達。伯德公仍居於羅芳。

始遷入荃灣:任盛公傳略

任盛公為伯德公之長子,以務農為生。弱冠時,已跟

20　《陳四必堂族譜序》原記「康熙十四年甲寅年」,疑為筆誤。考清康熙朝只有一個「甲寅年」,即清康熙十三年,公元1674年。

21　應為「打鼓嶺六約」境內。打鼓嶺區約有鄉村十九條,其中以坪輋、坪洋等村較大。嘉慶年修《新安縣志》云:「打鼓嶺在六都,俗傳風雨夜聞鼓聲」。嘉慶《新安縣志》云:「打鼓嶺在六都,俗傳風雨夜聞鼓聲」。另,據《北區風物志》引打鼓嶺居民代代相傳之說,清朝以來打鼓嶺六約居民常深圳河以北的黃貝嶺村民欺壓。由於黃貝嶺村人多勢眾,打鼓嶺區村落人丁單薄,於是相約一但黃貝嶺村民來犯,便以擊鼓為號,通知各村居民拒敵。因此「打鼓嶺」以此得名。

隨伯父侯德公於淺灣（今荃灣「老屋場」）耕作。[22]在其四子（健常、偯常、偉常、倬常）協助之下，在淺灣濱海之地築堤，得沃田數十畝。初時，任盛公「慘淡經營」，後來由於他勤於耕作，家境日漸富裕，《陳四必堂族譜志》謂「頻年頗有積蓄。於是牛盈於牢，豬盈於柵」，謂家有不少牛和豬。因為家口繁衍，任盛公一直想覓地建村，安置家族。後來，他找到三棟屋原址之地，希望在此建村，可是該地之所有者卻不肯售賣，於是只好作罷。[23]

三棟屋村開基祖先：健常公傳略

健常公，任盛公之長子，三棟屋村四必堂陳氏之開基祖先。據《陳四必堂族譜志》記：「太高祖（健常公）居長，生而穎異，博通經史，旁涉醫藥風鑑諸術，靡不精曉」。客家人一向是「耕讀傳家」，即「晴耕雨讀」的生活模式，故博通經史的健常公本來有意於舉業，可惜「家務」繁多，所以他放棄了科場功名，全心全意輔佐父親任盛公。

在任盛公的領導下，加上健常公等四子的協力輔佐，陳族家業日漸興旺。而任盛公病篤之際，仍深念着「三棟屋之地」，並叮囑諸子完成心願。作為長子，健常公必須想方設法完成父親心願。在此背景下，健常公更加在意當日父親念茲在茲的風水寶地。幸而皇天不負苦心人，此事有了戲劇性的變化。據《陳四必堂族譜志》：「任盛公屢謀不獲者，至是忽持券詢，太高祖（健常公）適他出，家人猶豫未決，持券者迫不及待，將之城門。去未幾，太高祖歸，家人具以告，使人追及之，以重價議成，鳩工庀材，期年告竣，遂遷

---

22 侯德公後人開枝散葉，於關門口村、咸田村開基立業。

23 據《考古學導論：三棟屋》記：「三棟屋的位置西迎汲水門，背靠一小山丘（村民稱為獅地），每逢太陽西下之際，可望見海面上波光粼粼，瑰麗非常。」（詳見：陳莊麗、陳玉蓮、曾志霞：《考古學導論：三棟屋》，香港：香港中文大學人類學系，1990年。）按：筆者疑「獅地」一說之可靠性，今姑且錄下。

焉」。搬遷後，健常公諸弟分家立業，然而他們不善治產，所以健常公常常資助他們。[24]

今三棟屋博物館仍掛着「齒德欽重」牌匾，上記有健常公獲欽賜「鄉飲大賓」之事。

健常公元配為同邑沙頭角邱氏，生二子，長曰叶蘭，次曰叶桂。後邱氏喪，健常公復娶冼氏，於公六十六歲時，生子叶鵬。

健常公長子叶蘭工長於商貿，於大嶼山大澳經商，獲利甚豐，興旺家族。而二子叶桂則業於儒學，「負笈於羊石某老宿儒」，此位宿儒是著名學者，「六部皆其弟子」。健常公常行善於鄉里之間，加上「宿儒」推薦，健常公獲得朝廷御賜「鄉飲大賓」，成為荃灣影響力甚大的鄉紳。

三、結　論

陳氏家祠前對聯（引自《四必堂陳氏族譜誌》）

健常公帶領一族由「老屋場」搬至三棟屋原址，因其輩共有兄弟四人，故三棟屋祠堂號曰「四必堂」。據陳氏族人所說，三棟屋村原址座落在「背山面水」之地。其大門對聯謂：「帽山舒鳳彩，灣海獻龍文」，即說明了其地風水

---

24 《陳四必堂族譜志》：「居無何，兄弟分爨，而諸弟以不善治產，生計漸絀，太高祖時資助之。」

之妙、形勢之佳。[25]

在族人的努力打拼下，四必堂陳氏成為香港荃灣望族，不單受到區內客家人尊敬，但獲得原居此地的圍頭人的敬重。其中最著名者，莫過於其十九世陳永安。

陳永安少習儒術，就讀於家族創立之南園書舍，[26]後從宿儒李偉流遊。陳永安曾任教於汲水門，其後回鄉創辦南園小學。清末民初時期，荃灣私塾之中，以老圍村「翠屏學校」和三棟屋村「南園書舍」[27]最為聞名，而二者也就是「荃灣公立學校」的前身。話說回來，陳永安素為族人愛戴，謂其「入孝出悌」、「敬老尊賢」、「服務桑梓」，而且也因為他是南園小學的創辦人兼老師，所以也廣受荃灣區內各界尊敬。他是荃灣鄉事委員會創會主席（第一至六屆），亦曾任新界鄉議局第十屆（1947-1952年）主席。1955年，更獲英女皇頒授榮譽獎狀。今日，荃灣眾安街，亦是因陳永安開設「大眾茶樓」和「平安藥局」而命名，可見其於荃灣區之地位。

四必堂陳氏為荃灣望族，對區內發展貢獻殊多。又如其二十世陳浦芳、陳流芳即先後擔任荃灣鄉事委員會第十五至

25　有說三棟屋所背之山為芙蓉山，非大帽山，此說無誤，但對聯亦無錯。因為芙蓉山之後為大帽山，而大帽山在地勢上比芙蓉山更高，故對聯謂「帽山」亦非錯誤。

26　據《陳四必堂族譜志》記載，南園書舍乃陳氏十六世祖慶昭公晚年創建，初為單層平房，後擴建一層。授課模式與傳統書塾無異，即廣府人所謂的「卜卜齋」。任教老師，多為鄉間宿儒或外聘秀才。

27　南園書舍位於三棟屋村南面，是一座兩層高建築物。鑑於荃灣適齡兒童日多，政府欲設立一所荃灣「公學」。於是，陳氏在1927年捐出南園舍，並老圍村翠屏學校合併，組建「荃灣公立學校」。初期，荃灣公立學校仍沿用南園書舍課室，後因學生漸多，遂於鄰近天后廟（今仍在，位於綠楊新村旁）旁加建兩間課室。1959年，位於芙蓉山麓荃錦公路口的荃灣公立學校（小學）新校舍落成。其後，於1977年擴辦中學部。到了1980年，因為發展地鐵，荃灣公立學校遷至石圍角現址，並於2006年改名為荃灣公立何傳耀紀念中學。

十六屆、第二十至二十五屆的主席。考荃灣鄉事委員會至今只有三十一屆，四必堂陳氏已擔任了其中十四屆主席，其卓著功績，不言而喻。

附表1：四必堂陳氏家世源流表[28]

贄公以前陳氏歷代遷移表			
元代		衡公（以智）	立籍福建省汀州寧化縣
元代		元佐公（由元）	回居江西省吉安府泰和縣
榮公以前陳氏歷代遷移表			
元代	始祖	贄公 即榮公的直系祖先，凡贄公所分支派以興寧為故鄉者多尊贄公為始祖。	居江西省泰和縣柳溪，後任興寧學正，遷居興寧縣府
明代	二世	文公	立籍興寧縣羅崗溪尾
明代	三世	容公	興寧縣羅崗溪尾
明代	四世	維新公	遷興寧縣羊子嶺土坑圍
明代	五世	祉公	遷龍川縣團芬
四必堂陳氏歷代遷移表			
明代	四必堂始祖	榮公 即四必堂陳氏十六世慶昭所說「念五郎」。凡榮公念五郎所分支派以龍川為故鄉者，多尊榮公為始祖。	立籍龍川縣駱岐團芬約橫湖（鐵心嶺）

28　《四必堂陳氏族譜誌》（1999年）記嘉衡公為「十世祖」（其他如此序順下），而《四必堂陳氏族譜誌》（1976年）則記嘉衡公為「九世祖」。據陳錦康等村內長老推斷，當以《四必堂陳氏族譜誌》（1976年）為準。

明代	二世	法遊公	同上
明代	三世	法仙公（諱永貴）	遷龍川縣駱岐馮田面下角
明代	四世	法強公（諱玉璿）	遷龍川東坑
明代	五世	祿公	同上
明崇禎五年，壬申年（1632年）	九世	嘉衡公	遷博羅
清康熙十三年，甲寅年（1674年）	十世	殿相公	遷歸善、惠陽、淡水、隔瀝上坡
清康熙五十八年，己亥年[29]（1719年）	十一世	萬泰公	遷新安黃背嶺羅芳水口村
清乾隆廿二年，丁丑年（1757年）	十三世	任盛公	遷新安縣淺灣老屋場（筆者註：即今日香港荃灣大窩口一帶）
清乾隆五十一年，丙午年（1786年）	十四世	健常公	遷新安縣淺灣牛牯墩三棟屋（筆者註：即今日香港荃灣古屋里，亦即三棟屋博物館原址）
1983年	二十世	時任荃灣鄉事委員會主席、三棟屋村村長陳流芳在族人陳浦芳的協助下，率陳族遷往今日三棟屋村新址。	遷荃灣三棟屋村新址（今日香港荃灣三棟屋路，鄰近象山邨）

29　筆者按：《四必堂陳氏族譜志》原記「清康熙五十八年乙亥年」，疑為筆誤。考清康熙五十八年，即公元1719年，當為「己亥年」。

參考文獻（主要）

1.（清）靳文謨修、鄧文蔚纂：《新安縣志》，（清）康熙二十七年（1688年）刻本。

2.（清）舒懋官修、王崇熙纂：《新安縣志》，（清）嘉慶二十四年（1819年）刻本。

3. 許舒：《滄海桑田話荃灣》，荃灣：滄海桑田話荃灣出版委員會，1999年。

4. 陳莊麗、陳玉蓮、曾志霞：《考古學導論：三棟屋》，香港：香港中文大學人類學系，1990年。

5. 新界鄉議局編制：《新界原有鄉村名冊》。

6.《四必堂陳氏族譜誌》（1976年）。

7.《四必堂陳氏族譜誌》（1999年）。

荃灣社區發展與仁濟醫院的倡建

危丁明

珠海學院香港歷史文化研究中心副研究員

　　香港作為近現代一個著名商埠，經濟活絡，發展迅速。但在1960年代以前，負責管治的港英政府認為此地只是英國進入中國市場的跳板，雖然人口在不斷增加，但始終以流動為主，並不值得港府在社會福利方面擴大投入。因此，倡導民辦社會福利，借助教會和東華三院之類的華洋慈善團體，以頭痛醫頭，腳痛治腳的方式，表面解決逼近眉睫的社會問題，淺層次地緩和社會矛盾，是最佳的選擇。二次世界大戰之後，即使香港人口劇增，並隨着政治和經濟的變化爆發出種種的衝突和社會問題，港府卻一沿舊章多年，使內在社會內在矛盾逐漸激化。荃灣的仁濟醫院1973年正式落成啟用，卻早在1960年就倡議成立，而荃灣地區對於加強醫療服務之需要甚至可追溯至更早。仁濟成立的前史，反映了戰後港府在社會福利政策方面的轉變過程，穿插其間的雲起風動、激流翻湧，到最終的革故鼎新等等，都會使人對一個社會成長之不易有更深入了解。本文所述，主要為仁濟醫院倡建之前，荃灣賢達與港府為地區醫療服務建設的連番互動。關於仁濟醫院的發展，則可參看拙編《仁濟金禧志》（香港：仁濟醫院董事局，2017年版）。

一、早期荃灣社會及其醫療服務

　　荃灣位在新界區，舊名「淺灣」。曾任荃灣理民府兼市

鎮專員的許舒博士（James William Hayes），亦是一位對新界史有深入研究的學者。他為《荃灣二百年──歷史文化今昔》（香港：荃灣區議會，1991年版）一書作序，對英國接管時的荃灣描述甚詳：

> 由於面積狹小，耕地有限，荃灣分區鄉村的規模不大……當時區內很少鄉村人口超過三百人。其他較小的村落通常只有一百人，而根據不少個案，有些還不足五十人。這些鄉村，有的集中在荃灣港，有的分佈在岸邊或山上……在荃灣本部範圍外，大多鄉村都集在城門谷，那裡有將近1,000人居住；另外還有差不多這個數目的人口散居各處。除此以外，尚有少量漁民在荃灣港和其他停泊地點聚居。
>
> 交通方面，荃灣主要是依賴街渡連接區內各主要交通點，和區外地方，包括香港島。村內市集之間的交通，主要依賴由村民開墾的小徑。這些小徑多是泥濘狹道，即使是通往九龍或新界西北部的主要通道，也只有部分是鋪了碎石的。
>
> 在這種環境下，荃灣社區須依賴以下幾種生活和作業方式：自給自足耕種稻米；採用樁上漁網及舢舨捕魚；小規模農村工業，如製造豆腐、腐竹和鼓油，涼菓業和蒸酒業等。這些工業都需要大量的清水供應。村民還用香木大量製造香粉，以供應香燭業的需求；村民利用湍急的溪水推動水車，用石槌來研製香粉。

從許舒的話可以看到，一個多世紀之前的荃灣基本就是自足自給的農漁社會，居住人口不多，對外交通主要依靠水路。可能是靠海方便的緣故，也因為此地只有惡水窮山，生活艱難，早期荃灣居民移居海外者頗多。從荃灣天后廟的

光緒二十六年（1900）〈重修天后古廟碑記〉中，可以看
到當時參與捐資的善信，包括有舊金山（三藩市）、尖尾架
埠（牙買加）、新架波吉隆埠（新加坡、吉隆坡）、木角多
那埠、暹羅埠（泰國）、小呂宋埠（馬尼拉）、新金山（澳
大利亞）的達士嗲埃崙埠和波打穩埠，顯見早在英國接管之
前，荃灣居民早已流徙於東南亞、澳洲和美洲。因此，荃灣
居民胸襟廣潤，對外來文化接受力頗高。據許舒記述的一個
故事，大約在1850年代，有意大利傳教士在荃灣設立了學校
和教堂，受到當地人的歡迎。第二次中英鴉片戰爭期間，當
時新安城的鄉賢，倡行對香港實施食物禁運。為維護該傳教
士設立的教堂和學校，荃灣民眾竟與被派駐當地進行禁運監
察的人發生激烈衝突。

　　為盡快有效管治新界，1899年英國根據《展拓香港界址
專條》接管後不久，港府便隨即進行公路的修築工程，這就
是今日的大埔道。1910年代，港府又開始了另一條新界公路
——青山道——的修建，九龍至荃灣段於1918年正式啟用。
荃灣與市區有正規公路連接，汽車暢通，荃灣的地理優勢開
始受人注意。著名旅行家黃佩佳（江山故人）於1930年代曾
遊荃灣，並留有實錄，收入《新界風土名勝大觀》（沈思編
校，黃佩佳著，香港：商務印書館，2016年版）。他筆中的
荃灣形勝，如下：

> 此處居大帽山之南，前有海灣，西起油甘
> 頭，東南止於三百錢，成一大圍。岸線延長至二
> 英里餘，其西南峙立青衣島，勢如屏障。青衣去
> 岸不及一英里，港岸灣環，形如小湖。東南有青
> 衣門海峽。西南稍遠，有雞踏門海峽。青衣門海
> 峽，巨舶可通，形勢天然，洵為佳港。

　　至於荃灣與市區的公共交通，「陸有長途汽車，水有新
界輪船公司之汽船，日夜往還，朝起夕止。由尖沙咀沿青山

道至此，為八英里，東去葵涌約一英里。」較之以往的泥濘
狹道，當然遠勝不知多少倍。九廣鐵路英段的通車、大埔道
和青山道的修建，其政治意義在於實際扭轉了新界居民的心
理歸屬，新界地區不再是廣東邊境新安縣的邊鄙，而是現代
城市香港尚待開發的處女地。

　　事實上，在1930年代中期，港府確曾有發展荃灣的計
劃。據1934年3月14日《香港工商日報》報導：

　　　　港府……計劃將荃灣村建設成一新式之市
　　集……探聞建築當局之計劃，該村之建設，屋宇
　　將全為兩層樓式，有寬敞之街道，及種種衛生之
　　設備，務使荃灣在新界中成為一中心之市集。前
　　所填塞之海面，即備將來建設之用。此計劃曾經
　　專家之詳細考慮，而將來工程一旦完成時，屋宇
　　分排林立，當極壯觀也。現在進行之工程，為街
　　市之建設，聞另在街市前築一四十尺之路，與大
　　埔大路貫通。此路一經築成，政府將准其照預定
　　之計劃建築屋宇，此處將來得水電之便利，惟不
　　能自出心裁建設，以昭一致。其先建街市者，據
　　建築當局之意，則謂是增加該地生產之第一步。
　　聞在鄰近各處將更築有完整之道路，以利行旅。
　　在不久之將來，荃灣定能成一最新式之市集云。

　　待到黃佩佳暢遊荃灣，大抵有關計劃正陸續實施中。他
寫道：

　　　　今日荃灣居民約有四千餘，並設有警署、電
　　燈公司分局、天主教堂等。新闢馬路，一由青山
　　道八英里石通至三百錢德士古火油倉，一由警署
　　側通至城門水塘。小墟市則有荃灣東街及荃灣西
　　街……又有草地之運動場，學校有南園、德聲、
　　全完等，讀者共有數百人。淨地如東普陀、竹林

禪院、棲霞別墅、八合緣、福善堂、妙德堂、法
賢堂等頗惹游蹤……瀕海有酒廠、醬園、灰窰、
石膏廠等，而青龍頭、登九、城門、葵涌等處居
民，多來此購物。其繁榮雖不若元朗、大埔墟兩
處，而較之西貢、坑口，及屯門之新墟等地，亦
不相伯仲也。

黃氏一遊的荃灣墟市，即今荃灣市區。舊時光景當然與
今日迥異，卻又優於更早時：

荃灣大街，又分為兩段，曰荃灣東街，曰
荃灣西街……商業有雜貨、銅鐵、金器、山貨、
藥材、茶市、餅食、生菓、醬園等類，而以雜
貨為最多，蓋應各村居民之需求也。茶樓昔有天
香、錦香、大東、漢東興四家，今天香、錦香皆
先後歇業，大東已易主，改名漢華，與漢東興巍
然並存也……兩樓晚間之營業，開至十二時，
每當日之午，登樓品茗者，如川之歸海然。瀕海
一帶……又有港全駁艇碼頭，碼頭祇建灰砂牌門
一，築石階臨海，蓋來往香港之荃灣小輪，抵步
時賴駁艇渡客登岸，故有此碼頭之設也。在青山
道一帶，則有香港電話公司荃灣分局、荃灣警
署、小足球場、青華體育會及和平園、廣順、楊
生記三間險貨店，此三店均兼營咖啡牛奶汽水等
飲品。和平較宏敞……長途汽車之荃灣站即在其
前。候車者多坐於店前之木凳，如遇星期日，尤
為擠擁。
　　……

荃灣西街，小販麕集，如牛雜、湯圓、餛
飩麵、生菓、洋貨、衣裳等貨攤，張布為幕，錯
落街旁……民國廿一年（1932），又有電燈之

設備，迄今全墟商店，多裝置電炬。入夜，輝煌
照耀，全街煥然，商店營業，恒達中宵，繁榮之
象，儼然一小市鎮矣。

蘇子夏編的教科書《香港地理——山河依舊風物在》（
香港：商務印書館，2015年）初版於1940年，用更寬廣的地
理視野，指出：

> ……荃灣不但當新界西南部公路衝要，且其
> 西之急水門，仍為香港與廣州、澳門汽船往來之
> 要道。荃灣以南有青衣島為屏障，故實一天然避
> 風港，沿岸為一墟市，年來有工廠設立漸多，濱
> 海填土工程亦進行不輟，故將來頗有發達之希望。

隨着建設計劃的實施，荃灣居民的生活亦發生轉變。黃
佩佳記敍頗詳：

> 荃灣居民，泰半業種菜，故菜地之多，凡有
> 村居者，即有之也。昔時番薯出產最多，幾及波
> 羅之盛，今產量漸絕。花菜、菜心、芥蘭、生菜
> 等類，則取而代之也……酒廠則有鹹田之大生、
> 荃灣角之均昌及崔東美三間，僱用工人頗多，餘
> 如蔥菜廠、醬園、石膏廠、腐竹寮、亞洲煤磚公
> 司、遠東水渠公司等，容納鄉人至多……
> 男女亦有出作坭工者，其數之多寡，視其
> 附近之建設如何耳。若由柴灣角至青龍頭沿岸
> 一帶，建築海濱別墅者至多，時而闢馬路，建新
> 樓……近荃灣墟之青山道側，建街市，又築馬路
> 以達老圍，此坭工之出路也。
> 村中子女，除就讀於本鄉者外，亦有赴香
> 港、九龍等地轉習英文者，每生所費不菲。村人
> 求知之慾，日與城市俱化，是可喜者。

　　顯然大概整個1930年代，都是荃灣的一個發展期。港府在是看重荃灣得天獨厚的地理條件和居民的開放態度，希望加以逐步開發，積累更多優勢，使之慢慢成為香港的一個工業重鎮。不過，荃灣底子實在太薄，所以即使到了日本全面侵華時期，香港工業依仗內地移港資金和技術，一度出現1937-1941年間的發展高潮，荃灣卻沒有受益，因大部分移港工廠都選擇九龍城、深水埗、荔枝角一帶落戶。後來太平洋戰爭全面爆發，日軍侵佔香港，工業發展遭受重創，荃灣的緩慢發展更告夭折。

　　地區發展，人口增加，醫療需要也必然越來越變得迫切。1930年代初，港府便根據倡導社福民辦原則，爭取慈善團體支持，在荃灣設立醫局。新界贈醫會成立於1930年5月，成員包括香港著名西醫胡惠德、蔣法賢，以及賢達張寶樹、顏成坤等，是一個針對新界居民需要，提供免費醫療服務的慈善組織。該會成立後，隨即組織醫生分成兩隊，開赴新界作巡遊式贈醫，後以效果不彰，乃開辦了荃灣和屯門兩站定點贈醫，並在村民中展開衛生和防病宣傳，普及現代衛生常識。因求診者日眾，地方不敷應用，於是在1932年6月將荃灣贈醫站擴大，成立荃灣醫局，提供診症及留產所服務。荃灣醫局位在荃灣芙蓉山側之大營頂（大頂山），本為南洋兄弟煙草公司的煙草房，由簡孔昭借與用作醫局。據報章報導「該局……空氣異常清爽，甚適宜於醫局用。四週窗戶均用鐵線紗格障，蓋因蚊多也。局內列十二室，分：留產室（內有大小床三張）、診症室、洗症室、候診室、配藥室，及醫師工人室等。」（《香港工商日報》1932年6月27日）同年，新界贈醫會併入聖約翰救傷隊，定名聖約翰新界贈醫會。荃灣醫局成為聖約翰救傷隊屬下四所醫局（其他分別位在長洲、錦田、沙頭角）之一。黃佩佳亦曾到過醫局考察，他稱之為「十字會贈診所」，「祇有洋樓一楹，闢曠地，植花木，景殊清幽。贈醫時間為星期一、三、六三日，

每日上午九點至下午一點不等。

二、戰後荃灣的再定位和發展

　　日本投降，中國八年抗戰結束。香港也從三年零八個月的日治苦難中解脫，卻只等來原先的殖民者。英國重佔香港，港英政府開始着手推動本地的經濟復元。不過，日不落國已難復舊時輝煌，二戰烽火早已將英國的元氣消耗殆盡，不得不依賴昔日的殖民地、今日世界霸主——美國——的援助渡日。英國已顧及不到了東方的這顆明珠，香港只能自求多福。戰前最後一任的香港總督楊慕琦（Mark　Aitchison Young）雖然復行視事，但已非昨夜星辰。戰前的殖民地管治班子幾乎完全潰散，許多為英國人保留的位置不得不請葡萄牙人或華人充任。不過，也許正因如此，港府似乎更懂得如何立足本地，香港很快就取消了戰後的政府管制，恢復自由貿易。香港抓緊機遇，乘戰後歐洲各國尚在復甦之際，擴大了對亞洲市場乃至歐洲市場的出口，為戰後香港工業發展打響了第一槍。及至1948年，歐洲工業恢復元氣，產品再度傾銷遠東，香港工業發展遭受挫折之際，大陸上的國共內戰卻如火如荼，內地的許多工廠和技術工人為逃避戰火，不得不覓地他遷。香港工業基礎雖然不厚，卻有着連通世界的管道和經驗，而且位在大陸海隅，與內地同文同種，因此成為他遷的一個重要選項。

　　香港此時也走到了歷史發展的十字街頭。英國政府、港英政府都不得不謹慎地研判中國內地急劇變化的局勢，思量着自己的前途：是體面把香港交還中國，還是為保護英國在華利益不惜與勢如破竹的解放軍開戰？是頑固地維持舊式的殖民統治，還是按楊慕琦計劃實行民主改革？1948年12月，英國外相貝文（Ernest Bevin）向內閣提交名為〈目前中國內戰形勢的發展〉備忘錄。其中明確判斷中國內戰終將以中國

共產黨的勝利告終，但認為「在共產黨統治之下，英鎊區與中國的貿易不會停止」。他指出的香港前途，「如果共產黨人統治了全中國，出於他們自己的原因，他們可能願意暫時使香港繼續成為英國操心的對象」；「香港能否繼續作為英國的殖民地，取決於共產黨人是否感到一個組織和運作良好的英國港口有利於他們與外部世界的貿易。」因此，他建議英國政府採取的策略是：

> 我們最大的希望可能在於採取「保留立足點」的辦法。這就是說，由於實際上並不存在生命危險，我們應該儘量留在原地不動，與中共保持不可避免的事實上的聯繫，並且調查在華繼續進行貿易的可能性。

對於在1947年7月抵港接任楊慕琦的第22任港督葛量洪（Alexander William George Herder Grantham）來說，這份備忘錄可能只是對他已經展開的工作之遲來的肯定。事實上自他履新伊始，中國內地難民和工廠南遷之勢已逐步形成，並引起國民政府經濟部的重視。1948年2月曾派員來港調查，並致函通知香港中華廠商聯合會，表示「經濟部根據各方報告及本港出版之遠東經濟評論報所載，謂由滬遷港工廠，將達五十家之多，其資金共達五千萬元以上，遷港廠家多為紗廠，或五金製品廠云。因此經濟部認為此事甚為嚴重，以此等工廠均與出產民生日用之品物有關。滬上雖根據法令，不准工廠關門，但若繼續南移，與停工無異。政府之觀點，認為如此，則滬廠機件，料偷運來港，是即無形中使上海工廠出產力大為減弱，影響甚鉅。」（《香港工商日報》1948年3月1日）同年4月，港府發表報告，披露在過去一年，註冊工廠由418間猛增至883間，發展出棉紗紡織、鋁質及透明膠質家庭用品製造、皮毛製氈以及製帽及手套等工項目。（香港《工商晚報》1948年4月15日）對於在內戰中風雨飄

搖的國民政府，工廠南遷無異是雪上加霜的挫骨之痛，但對於香港卻是千載難逢的發展機遇。之前曾長期擔任特別助理輔政司的葛量洪，雖然面對香港前途的不確定性，卻並沒有坐失良機。他針對存在問題，包括水源不足、廠地欠缺、技術工人缺乏，以及一些過時法例的限制等問題，積極進行應對。5月，傳出消息，荃灣將因應內地工廠不斷南移，發展為香港新工業區。

荃灣之所以中選，顯然與其得天獨厚自然條件有關。據香港《工商晚報》（1948年6月4日）引述的官方消息：

> 荃灣已被選為工業區，其地密邇九龍商業中心，由尖沙咀前往不過九英里，其地地面頗合腦海中之計劃。荃灣除建築工廠外，並可由荃灣至青山道之沿海，建築住宅屋宇，及開闢海灘浴場……

> 荃灣之計劃，係將大路以南作為建工廠用，以北作為建工人住宅用。該處海濱可加以填充，其地海水不深，僅潮派時有水而已。工廠地點約足供建築七十間工廠之用，每間三百方尺（如需較多地方，可連用多間）。住宅地方將有馬路貫通，設有工人公園、食堂、醫院及管理處等。近大路處，擬設陳列室，陳列出品。

10月20日，《工商晚報》更為荃灣的發展計劃撰寫特稿，描述更為詳細了。

> 港政府計劃把荃灣闢為工廠區，遠在戰前，已經有這個意思。近兩三年來，因為國內工廠遷港日漸增加，香港漸由商埠蛻變為工業城市。事實上需要，使香港政府加促這計劃的實現。在計劃中的填海工程，將成為開發新界以來最大工程之一。這計劃就是把貼近公路的幾小山劃平，再

把荃灣德士古油倉對開的一個大海灣完全填塞，
把荃灣市區的海岸拉成一條直線。這移山填海的
計劃一旦完成，則這裡將可獲得數百萬尺以上的
曠地，那時候的荃灣，將比現在擴大幾倍。

　　據說政府準備填海工程完成後，將撥出若干
地段，作工廠的建築地址，一方面把現在的市區
擴大，開闢幾十條街（現在荃灣祇有一條街），
將來工廠增加以後，商店民居自會隨着增多，未
來荃灣的熱鬧，在新界中將會爬上第一位。

　　除了交通，可以填海擴充用地，甚至因為地近城門水塘
有充足水資源等優勢，港府叮以躊躇滿志的，就是荃灣有豐
厚的人力資源。荃灣無論海、陸均接通內地，戰前就不少人
由廣東湧至，他們向當地居民租地種菜，很快融成一片。一
些名僧高道，於擇地興建寺觀，逐步形成今日老圍和芙蓉山
傳統教叢林，也受到本地居民歡迎。戰後，對內地利便的交
通，使荃灣人口迅速上升。《荃灣二百年·序》中，許舒寫
道：

　　　　這時候從大陸湧入的難民工人，對這個細
　　小的社區構成壓力。他們住滿了所有位於大街的
　　村屋和住宅，而且很快便擴散到四周的田地。不
　　久，這些地方便滿布了臨時房屋、商店和工場，
　　而一般住宅都作了雙重用途⋯⋯
　　　　當時，荃灣一定好像是一個大型木屋區，
　　就像那時的新九龍。有了這樣的住宅區，基本服
　　務、災病援助及賙濟工作需求很大⋯⋯
　　　　房屋短缺、服務不足、生活貧困、人口擠
　　迫所造成的問題，被混雜的人口問題弄得更形嚴
　　重。那些新移民和本地的村民及戰前菜農不同，
　　他們不是客家人。廣東人、潮州人和鶴佬人不斷

移居這個市鎮。除了少數水上人，還有來自新界其他地方和中國的水上人，聚居於市鎮沿海一帶，希望可以在岸上找到工作。另外，許多上海人也跟隨他們的老闆來到荃灣。

英國外相提出的「保留立足點」的策略，確定了葛量洪配合內地工廠南遷，在硬體上所作的努力。及後，泰國、越南等東南亞國家，也意識到了這些中國工廠對本國經濟發展的重要性，紛紛進行招攬。葛量洪早着先鞭，使這些國家只能瞠乎其後了。於是大量的資金、資金、設備和技術人才從江浙、上海遷至。一些企業，如落戶荃灣的大新和西南兩紗廠，甚至把原來為內地工廠在外國訂購的先進設備直接在港卸裝，就地設廠。當然，遷過來不等於留下來，待局勢安定後，這些工廠、資金與人才都極有可能回到內地。當下，香港只能張開懷抱，讓英國政府大力宣傳，有意「使香港仍為難民譙誼庇蔭場所，免受壓迫，並使其仍為商業之偉大中心，及文化與教育之明燈」（1949年4月26日路透社倫敦電），另方面進行防禦演習顯示守土決心，又限制在港中共勢力活動等等，讓南遷者吃幾顆空泛的定心丸。

三、南北共融：仁濟醫院的倡議

1949年10月14日，廣州解放。隨即，鄧華率領的四野十五兵團繼續南下攻佔深圳。就在香港不少人正人心惶惶之際，部隊停止前進。從秘密管道傳來新中國政府三項條件，只要英廷應允，香港可以保持現狀：

　　一、香港不能用作反對中華人民共和國的軍事基地；

　　二、不可進行旨在破壞中華人民共和國威信的活動；

三、中華人民共和國在港人員必須得到保護。

如此優惠的城下之盟，英國不可能拒絕。為了確保在華利益，英國甚至於1950年1月，與北京建立外交關係，成為首個與新中國建交的老牌西方帝國，香港戰後很長一段時期的政治地位由此得到保證。內地實行社會主義體制，對私人企業進行限制、改造、贖買，遷港廠商回歸意願大受打擊，於是安心留港發展。1950年6月，韓戰爆發。在美國的帶領下，實施對中國大陸禁運，香港轉口貿易大為萎縮，工業卻迎來發展的契機，出現了戰後第一次重大經濟結構調整。勞動密集型工業的發展，大量地吸收勞動力。香港戰後猛增的人口也逐漸得到消化。

香港歷史上，並非沒有人口猛增的經驗，因為舉凡內地出現重大的政治動盪，香港都會變得人滿為患。當風波過後，大部分的避難人口，也都會選擇回到原居地。然而，由國共內戰開始的一連串歷史變化，帶給了英國和港英政府一道全新的課題。這批超過200萬人的移民已經走不了，只能留在這個異鄉。雖然還是非常艱難，他們仍大都得到了自己的新生活，開始在這裡成家立室，生兒育女。香港社會發展在享受人口紅利的同時，也必然要面對許多的問題，諸如房屋短缺，基本設施不足，社會福利和服務完全空白等等。另一方面，當時的香港社會尚處在一個文化的震盪期，南北族群還在嘗試着適應、理解、共處，譏諷、批評家常便飯，口角、動武亦時有所聞。在此過程中，又夾雜着政治上的左右認同，就更是你死我活。面對全新課題，除了因1953年12月石硤尾寮屋區大火，出現3人喪生，5萬人無家可歸慘劇，觸發葛量洪下令成立屋宇建設委員會和徙置事務處，興建徙置大廈救災，以平息社會的不滿，從而客觀上啟動了香港公共房屋政策外，港府幾乎無所作為。

1956年的雙十九龍暴動，九龍各處風聲鶴唳，瑞士駐

港參事安斯特的夫人被活活燒死，荃灣更成為重災區之一。
區內寶星紗廠、新華紗廠發生工人打鬥，死傷枕藉。於此同
時，工聯會荃灣工人醫療所、絲織業總工會、港九紡織染荃
灣工人服務部遭受嚴重衝擊。絲織業總工會被打死四人。三
機構據說總共被擄去37人，全部被綑綁雙手，邊走邊打，
遊街示眾，其中有毒打致死者，又有幾個女工被剝去衣服，
當街強姦。之後搪瓷總工會荃灣支會、種植總公會荃灣支部
又相繼受到攻擊。入夜後情況越發混亂，一些店鋪遭受搶
劫，約60人被捕，160人請求保護，不少居民慌忙逃離。11
月8日，英國議會就此事舉行休會期辯論。議員「藍金相當
準確地敍述了騷亂的前因後果，指出惡劣的環境和微薄的工
資是引發騷亂的原因，三合會分子則想乘騷亂之機達到他們
邪惡的目的，這個殖民地惟一的選舉機構市政局的選舉始終
是走過場……雖然市郊的騷亂矛頭明確指向共黨分子，九龍
中心區的騷動卻是起因於赤貧所導致的厭倦感和絕望情緒。
」（弗蘭克‧韋爾什著《香港史》，北京：中央編譯出版
社，2007年）

　　荃灣所以成為重災區，與其社會結構的急劇改變有着
直接關係。荃灣原以農業為主，居民大部分從蔬菜或水菓種
植。1948年開始，隨着改造成為工業區計劃的制訂和落實，
工業很快取代了農業的地位，特別是進入1950年代，香港
政治地位得到確定後，發展步伐就更急促了。荃灣人口，由
1931年的5,335人增加至1954年的40,000人，1961年時又發展
至84,000人，此其中絕大部分就是工人。在內地建立新政權
的中國共產黨，強調自己由工人階級先進分子組成。支持中
共的本地左翼人士十分注意香港工人運動的開展，在荃灣新
增的工人人口中具有相當的影響力。而另一方面，荃灣與內
地原本就有着傳統的影響和經常的往來，舊政權的支持者和
同情者不少，個別更早就紮下深根。如當時代表第三勢力的
熊仲韜，便是以荃灣為據點，組建「衛國救民軍」，在內地

策動武裝事變。由於左右兩派勢均力敵而又水火不容，加上移民們在生活上種種不如意，長期鬱積的不滿，借九龍暴亂爆發，荃灣乃至整個香港社會為此付出極為沉重的代價。

在事件中，工業界經濟損失最為嚴重。據香港《工商晚報》1956年10月14日報導：

> 此次騷動，約有一千間工業工廠受影響停工。至於有若干工廠被搗亂，尚難估計，但若干紗廠、搪瓷廠、鐵工廠，似勢須續繼停工數日，方能開工。據工業界估計，工廠每日停工結果，將損失數百萬元。
>
> 此次騷動，各界雖有捐失，但以工業界最嚴重，因各大工廠多集中荃灣區。多數工廠，似均未有購買足以要求因暴動而招致損失之保險。

事件迫使港府重新考慮荃灣的地方管治佈局。荃灣本來就有着較完善的社會組織，村中父老、賢達對於村民日常生活事宜、紛爭，都有一定處置之權。新界被強租後，港府設立理民府管理土地買賣、契約管理等事項，村民日常之普通紛爭、銀錢輵輳等，則交由荃灣父老成立全安局商議解決。1926年鄉議局成立後，有關事項改由鄉議局辦理。不過，到了日治期間，鄉議局停頓，在日軍監察下，全安局再度負起處理置之責。香港重光後，1947年，在港府鼓勵下，全安局改組為荃灣鄉事委員會，以溝通官民，調解糾紛，救災濟貧，維持地方秩序為任。除此之外，對地方管治有一定影響力的還有荃灣商會。荃灣商會成立於1939年，即戰前港府計劃將荃灣建設成一「新式市集」之時，是配合地方發展而出現的市場自治機構，足見其時地方賢達與時並進之心。隨着荃灣於1948年被確定為新工業區，大批南遷工業進駐，荃灣社會結構出現顛覆性改變，這些輔助管治的機構如何繼續在地方發揮作用，港府似乎一直未有定案。九龍雙十暴動

發生後，在香港內外的一片韃伐聲中，港府一方面對區內左右勢力實施限制，鎮壓黑社會分子，另方面則着手進行地方管治的改革。

理民府於1907年成立，是港府專門對新界實施管治的部門。自設立之初到戰後，其間有不少變化，如分立南約、北約，後來北約再分出大埔和元朗。戰後，1948年，港府成立新界民政署，統籌各理民府工作。當時荃灣轄屬南約理民府，不過正如曾任南約理民府官的許舒在《荃灣二百年‧序》中所說：

> 荃灣是當時龐大的南區的一部分。和這個分區有關的幾位地政官員要在九龍區的理民府辦公，當時唯一的政府地區辦事處是一所警察局，以一個督察為首，至1953年，改由一位警司主理。其他部門的辦事處進展得很慢（例如在1957-59年前，還沒有一個獨立的地方辦事處在這裡成立）。

顯然，改革理民府架構，集中資源，在地設點，是有效管治荃灣必須首先做到。因此，大約在1956-1958年間，港府實行將南約理民府一分為二，分出荃灣理民府。荃灣理民府轄荃灣、青衣、馬灣三區，負責接見荃灣居民，辦理買賣土地、收繳地稅及各種牌照費事宜。局址最初仍設於九龍加士居道南約理民府，1959年9月則移入青山道城門路側，實行在荃灣辦公。

首任荃灣理民府官為梅立（Hal　　Miller）是個幹練的人。他任內最重要的工作之一，就是推動地方社團的成立或重組，其目標顯然是要將代表工業的新興力量，組合到地方的輔助管治機構。事實上，這也是南來的這批工廠主們自身的願望，他們很清楚，只有得到所在社區力量配合，一切開展才會更順當，因此很早便尋求加入荃灣地方團體。在1953

年荃灣商會新選出的理事中，就可發現來自美亞織綢廠、華
綸絲織廠、九豐搪瓷廠和富貴絲織廠等工廠廠商。1954年，
該會又有來自上海的商人邱德根出任副理事長。廠商其實很
早就尋求設立廠商組織，以爭取自己權益。1950年就傳出美
亞織造廠辦事人發起成立荃灣區工廠聯合會的消息，但一直
未果。到了1958年，梅立就任荃灣理民府官之後，對此議大
表鼓勵和支持，於是在一年之間，由董之英、查濟民、張軍
光、胡晉康、陳廷驊等發起組織的荃灣工廠聯合會，就被港
府核准註冊成立。

　　1959年4月15日，在荃灣工廠聯合會首屆會董的就職禮
上，梅立代表新界民政署長主持監誓，並作了詳細發言，
表述了港府對該會在建設香港工業和荃灣社會方面的深切期
望。在發言中，他指出（見1959年4月16日《華僑日報》）：

　　　　香港的生計，現在是大部依賴於工業。這
　　對荃灣來說，更屬確實。假如工業沒有發展到
　　荃灣來，荃灣根本不能成為像現在這樣的一個市
　　鎮……荃灣的發展擴大，既然大都歸於工業，所
　　以貴會會員，對於荃灣區的發展，和一切有關問
　　題，負有同等的責任。其中首要的是土地問題，
　　由此又必然牽連到第二個問題，即就是荃灣區原
　　有居民前途的問題，這二個嚴重問題，若要順利
　　地解決，則貴會會員與原有的居民和理民府，三
　　者之間，必須要密切合作。我相信這些問題是可
　　以解決的，而且荃灣工業發展的結果是可以繁榮
　　了當地原有居民和提高他們生活和教育的水準。
　　我相信你們也會同意，凡是工業家對他們所僱用
　　的工人都負有一種責任，因為這些工人們和他們
　　的家屬，佔有了荃灣過半的人口，我相信貴會會
　　員當然會盡力推進一般的福利事宜……

在這裡，梅立直接地表述了理民府立場，就是會以土地為談判籌碼，廠商要發展工廠用地，就必須要對本地區多作貢獻，一方面要解決當地原居民因失去土地而產生的諸種問題，另方面也要注意由於工業發展而吸引來的工人及家屬，要滿足他們的福利需要。這明顯是港府一貫實施的社福民辦的政策宣示，只是梅立來得更赤裸裸而已。

雖然，理民府在原居民與工業主之間做了許多穿針引線工作，但並非沒有原則的，它只歡迎當面的握手，絕不會容忍他們私下的擁抱。7月1日，荃灣鄉事會舉行會議，研討擴大組織，決定接納荃灣商會和荃灣工廠聯會參加，請各派代表三人出席大會。有關決議上報理民府請求批准。理民府官梅立於9月作覆，只批准荃灣商會加入。在信中他重申（見1959年9月22日《華僑日報》）：

> 因所有村代表必須為理民府所承認方可…以防有等人士因有充分理由拒絕承認其為村代表者進入鄉事委員會……民政署長視鄉事會，為有關鄉村事務，其有城市事務者，只限於其與鄉村生活，或方被併入新城市之鄉村事務有密切關係。對於荃灣商會之代表出席鄉事會，本人覺無反對，因此商會，主要關乎為一帶鄉村之市場，及買賣中心之城市。

荃灣當時處在一個由鄉村過渡成為工業區的歷史進程中，這也是一個權力遞遭的過程。鄉事會吸收商會和工廠聯會，顯示了當地居民一種對未來的開放態度。但是，這對於理民府來說恐怕就有點過頭了。事實上，當時的鄉事會具有很重要的地方行政任務，是理民府的重要輔助，鄉事會與商會的合作，本來就一貫如此，理民府自然不會擔心，然而若牽連上工廠聯會，理民府無論在管治權限和經驗方面都十分欠缺，容易尾大不掉，當然不會貿然同意。

　　以荃灣鄉事會協助理民府施政的豐富經驗，這個結果
應該說也是可以預見的。不過，新興的工業勢力與傳統地方
勢力的結合，卻是勢在必行的。因為在荃灣發展成工業區的
過渡期中，出現不少問題，引起社區的強烈陣痛，非常需要
協調解決。甚至可以說，這也完全符合理民府要他們握手的
初衷。因此，一種無損於地方行政安排而有利於地方建設發
展的方案，其實早已在社區賢達們的心中開始醞釀。早在鄉
事會發表有意吸收荃灣商會和荃灣工廠聯會為新成員的決定
前，荃灣商會在6月15日的一次例會上，理事長葉德範提出
建議，針對荃灣地區醫療發展需要，籌建醫院，並隨即聯絡
紳商，成立由周坤成、許添、何傳耀、邱德根、邱子田等為
成員的籌建醫院委員會。這個委員會組成雖然均為商會會
員，其實包括了當時在區內活躍的各族群的代表人士，所以
一定程度上具有協調各方，共謀建設的號召力。1960年1月
22日，葉德範當選荃灣鄉事委員會主席就職，在就職發言中
（見1960年1月23日《華僑日報》），他提出在衛生方面，
荃灣只有葛量洪夫人衛生院一所，不足應今後人口發展所
需，希望港府增設公立醫院。新界民政署長何禮文則回應，
港府會在本年內在荃灣新建一各科診所，算是作了間接回
應。雖然碰到新界民政署的婉拒，葉德範仍努力不斷，在5
月又另向港府醫務衛生提出建議。不過，醫院性質已修改為
公益性質的私人醫院。惜天不假年，1962年8月25日葉德範
逝世，建設地區醫院的設想，只能交付後來者實行了。

真君大帝研究：香港青衣真君廟考

劉健宇[1]

　　香港海陸豐人奉祀的廟宇，計有大聖成佛、真君大帝與西國大王等，當中真君大帝只有青衣真君古廟奉祀，別無分號。

　　追溯真君廟的源流，可考至潮汕一帶。現時潮汕尚存在的「真君廟」也稱為「慈濟廟」，奉祀晉代名醫吳猛。據筆者研究，吳猛實為香港真君廟主神的原形，而「真君大帝」信仰更隨著潮汕移民而出現於泰國、馬來西亞等地。

　　據青衣海陸豐居民呂存中憶述，海陸豐人最早於戰前已從家鄉請來「真君大帝」以保佑同鄉，初期只是鐵皮小廟。[2]另有記載認為，真君信仰約於二十世紀初、1900年左右抵達青衣，並建廟於海邊。[3]二次大戰後，青衣真君古廟成為島上海陸豐新移民的核心，「吳爺」（真君之稱呼）猶如青衣第一代海陸豐人之家祠，每逢喜慶嫁娶添丁，便會稟告真君；

1　劉健宇，香港教育大學四年級生（中國歷史教育），研究興趣為歷史教育、海外華人及英國殖民統治。現為香港史學後進倡議秘書長，曾於2019年2020年舉辦「史學新秀年獎：香港本科(及碩士)生史學論壇」。亦擔任香港歷史文化研究會第二任幹事長及香港歷史及文化教育協會幹事會召集人。

2　〈青衣真君廟碑文〉亦有記載真君於二次大戰期間保衛香港的事蹟，故推測戰前真君信仰已落戶青衣。

3　葵青區議會：《葵青 舊貌新顏‧傳承與突破》（香港：葵青區議會，2005年2月，增訂版），頁122。

香港真君廟正門

香港真君廟主殿

遇事裁決，更會「擲杯問卜」[4]。[5]

一‧青衣真君廟與真君寶誕

戰後真君廟曾於1955年重修、1959年擴建，位處當時新屋村（San Uk Tseun）附近，約為今日青衣公園之內。[6]

1980年代，港府銳意發展青衣，1986年3月20日準備遷拆舊墟，真君廟須要搬遷。[7]雖然港府應允撥出永久廟址，惟政府補貼費用不多。據呂先生憶述，其時真君廟於今日青衣鄉事會路現址搭建，初期僅為竹棚，後來善信集資築成今日

4　「擲杯」由信士跪地，手執「筊杯」，並擲之於地上。「筊杯」係一對新月形木塊，每塊均有平面與弧面。當一對木塊擲於地上，便會有三個可能結果。一是兩個弧面，稱為「寶杯」；二是一個平面向上，一個弧面向上，稱為「勝杯」或「聖杯」，其三是兩個都是平面向上，稱為「陽杯」。「勝杯」有正面的意思，「陽杯」則屬不好的意思。

5　廖迪生：《香港天后崇拜》（香港：三聯書店（香港）有限公司，2000年9月），頁47。

6　真君廟後來於1970年擴建——此處以呂先生之口述資料為依歸，配合考證當時新市鎮計劃之地圖：屬於客家人的天后信仰，以「Tin Hau Temple」記錄，而新屋村附近有「Temple」字樣，加上青衣記載之廟宇亦不多，故此處應為事實。詳見：Planning Branch of the Crown Lands & Survey Office: *Town Planning Ordinance, Hong Kong Town Planning Board, Tsing Yi - Outline Zoning Plan* (Hong Kong: Public Works Department, 13 June 1973), Plan No. LTY/21.

7　葵青區議會：《葵青舊貌新顏‧傳承與突破》（香港：葵青區議會，2005年2月，增訂版），頁122。

所見之廟宇——當時呂先生亦有捐款，並載於廟內碑文。

真君廟有一正殿，面向正殿正面左邊為「太歲宮」，右邊為青衣真君大帝廟宇管理委員會辦事處。正殿內真君大帝金身居中，左邊為福德老爺，右邊為財帛星君；此外，真君大帝金身有二，一個坐鎮廟內，居於中間；另一個則於誕期時，由信眾請至戲棚「睇戲」。

廟內左面為〈青衣真君廟碑文〉，立於1986年。廟內右面牆掛有100張籤文貼，輔以兩本以毛筆書寫的《真君大帝靈籤解籤簿》。

由於青衣島內主要神祇有「真君」及「天后」，每年當地居民便會組織「值理會」，籌備「神功戲」[8]祝誕。「神功戲」旨在娛神娛人，搭建戲棚並安排神像於神棚觀戲；而神功活動，皆會挑選一日為「正日」，期間「賀誕」、「搶花炮」及「問杯選來年值理」等。[9]

真君誕約於每年四、五月舉行，一連幾日。真君誕最早之記錄為1958年《華僑日報》報導：[10]

> 青衣島慶祝天后聖母，真君大帝寶誕演戲，經于昨問杯，舉出總理：黃欽、副總理：陳世鑫、鄧潭清、財務：陳世龍、總務：鄧立持、蔡志遠、庶務：鄧立泰、陳世忠、鄧至福、陳聖德、交際：陳世龍、鄧元培、陳福林、鄧元輝、陳懷德、消防：梁全、陳寬法、治安：鄧立輝、洪樹榕、鄧來發、鄧立祥口口廿餘名，擇定農曆

8　神功，即「為神所做的功德」，不一定包括演戲，也可以係誕期以外拜神燒香。詳見：陳守仁著，戴淑茵、鄭寧恩、張文珊修訂：《儀式、信仰、演劇：神功粵劇在香港》（香港：香港中文大學音樂系粵劇研究計劃，2008年8月，二版），頁14。

9　陳守仁著，戴淑茵、鄭寧恩、張文珊修訂：《儀式、信仰、演劇：神功粵劇在香港》（香港：香港中文大學音樂系粵劇研究計劃，2008年8月，二版），頁23至25。

10　〈青衣島賀天后誕定期演戲〉，《華僑日報》1958年4月10日。

四月初二晚開演粵劇，一連四日五夜，初三日賀
誕，初四日燃放神誕炮，屆時定當一番熱鬧。

歷年「真君誕」報導，主要包括五個部分，誕期及其
組織、地點、達官貴人芳名、公演劇團、花炮活動及交通安
排。從中便可了解當時青衣之情況。

曾有一段時間「真君」及「天后」兩誕合辦，大概由
於「搭棚」所費不菲，合用則可節省一筆。雖然有論者指
1961年起「合棚」[11]，但其實「合棚」最早或於1958年便已
開始，並發生自1960年至1973年（1969年、1970年未見真君
誕報導）──據呂先生憶述，後來「分棚」肇因信仰天后之
客家人與他們這些「外佬人」有糾紛。

此外，呂先生稱，其
於1960年代就讀青衣公立
學校時，每逢真君誕學校
皆有假期；而據歷史檔案
「Schools in Tsing Yi」所
藏之「1983/1984年度青衣
公立學校之校曆表」，發
現該學年擬訂四月十三日
及十四日兩日為假期，並
註明為「真君誕」（見附
圖）；有趣的是，島內原
居民及漁民之「天后誕」
則擬有四日假期。[12]

誕期最重要，莫過於
「演戲」──通常由值理

1983-1984年度青衣公立學校之校曆表。資
料來源於："Schools in Tsing Yi",(Hong Kong,
1978) No. TYB D/15/1 I (HKRS1624-1-2).

11　葵青區議會：《葵青 舊貌新顏・傳承與突破》（香港：葵青區議
　　會，2005年2月，增訂版），頁122。

12　該校曆表附有「本校假期表已呈報教育署審核中，將來實施以教
　　育署核定之假期為準」。

會聘請劇團公演，一「臺」戲約四日五夜。據呂先生稱，當時值理會通過「八和會館」[13]聘請名伶登臺公演。據粵劇研究者指，香港粵劇戲班例戲有五種，包括《祭白虎（破臺）》、《賀壽》、《跳加官》、《天姬送子》及《六國大封相》。[14]

呂先生又稱，從前真君誕大戲之聲浪極為鉅大，更傳至對面海之荃灣；而「做大戲」之外，更有以賭博為主的「大檔」[15]及「狗肉檔」[16]，以上活動因法例改變而於七十年代便絕跡。真君誕期間，更有自製小食，例如麥芽糖。

「搶花炮」曾經屬「正日」主要活動。形式主要是先燃燒炮仗，而「花炮」射至高空掉下時，各方人馬便需爭奪（搶）。例如《華僑日報》1963年5月1日便有記錄「搶炮」活動。當時更有不少稱為「花炮會」的組織參與，據《華僑日報》1984年5月19日報導，便有因爭奪花炮而衝突。後來因為容易引起衝突，警方便加以禁絕，故改為花炮抽籤、鄰

13　八和會館，始創於1889年廣州黃沙，1939年成立香港分會，為粵劇全人行會組織。詳見：香港八和會館：《香港八和會館四十週年紀念專刊》（香港：香港八和會館有限公司，1993年11月），頁60至62。

14　陳守仁著，戴淑茵、鄭寧恩、張文珊修訂：《儀式、信仰、演劇：神功粵劇在香港》（香港：香港中文大學音樂系粵劇研究計劃，2008年8月，二版），頁27至28。

15　大檔，即街邊聚賭場所。按1965年《賭博政策諮詢委員會報告書》所載之「街邊賭博」，流行番攤、牌九、十三張及大小等。而自1977年《賭博條例》通過，便陸續絕跡。註見：《賭博政策諮詢委員會報告書》（香港：政府印務局，1965年6月），頁7。及中文公事管理局編譯：《賭博條例》（香港：政府印務局，1988年），頁1。及油麻地社區記憶：〈石龍街賭檔已改建為果欄〉，主頁>街坊集體記憶>地標>果欄。網址：http://www.hkmemory.org/ymt/text/index.php?p=home&catId=584&photoNo=0。閱讀日期：2017年5月20日。

16　1950年港府貓狗例頒佈，屠宰狗肉食用即屬違法，但直到何時香港「狗肉」市場才告絕跡，則不詳。詳見：〈本年貓狗例頒佈後第一宗犯案女人藏狗肉姑予輕判今後違例者將受嚴懲〉，《華僑日報》1950年1月20日。

選。

此外，每年均有記載誕期交通工具延長服務時間；而從前進出青衣，只有往返香港、荃灣（經青衣）之渡海小輪。[17]及至1974年青衣大橋通車，再經青衣居民爭取後，翌年便增設巴士44號綫，有時亦有小巴專設綫道疏導誕期人潮。[18]

而一年一度的「真君寶誕」更成為聞名香港的的「青衣戲棚」，每年誕期均會吸引大量遊客拜訪。戰後「真君誕」能夠成為青衣，以至當區重要慶典，與香港戰後生活匱乏，欠缺娛樂有關，而真君誕滿足市民娛樂、消閑及飲食需求，自然「趁熱鬧」者眾矣。

二‧香港所載的「真君大帝」來歷

儘管「真君大帝」有一定名氣，但其來歷卻鮮為人知。現時關於真君大帝的資料，以1986年〈青衣真君廟碑文〉為主要版本，不少本地介紹廟宇神祇之書籍，均以此為依歸，計有天涯不曉生之《奇廟》[19]、周樹佳之《香港諸神——起源、廟宇與崇拜》[20]及黃照康《香港傳統節慶遊》[21]等。據〈青衣真君廟碑文〉記載：[22]

　　真君大帝者，本姓吳，性剛厚，見義勇為，

---

17 〈港外各綫小輪調整航行班次　荃灣綫順泊青衣新碼頭〉，《華僑日報》1959年10月29日。

18 〈港督今午主持青衣大橋通車〉，《華僑日報》，1974年2月28日。

19 天涯不曉生：《奇廟》（香港：次文化堂有限公司，2004年11月），第57至64頁。

20 周樹佳：《香港諸神——起源、廟宇與崇拜》（香港：中華書局（香港）有限公司，2009年2月）。

21 黃照康：《香港傳統節慶遊》（香港：知出版社，2015年6月）。

22 原文並無斷句，斷句由筆者所加。詳見：〈青衣真君廟碑文〉，載於青衣真君廟內，1986年夏立。

造福人間，不可勝數。理宗皇帝時，廣東沿海海盜猖獗，官兵不敵，民不聊生；他殲滅海盜，為民除害，地方太平，官民讚美，稱為「吳爺」，而則曰有吳爺，在路無白丁哉。

至老逝，顯道龍岡鎮，威嚴若生。官府修本奏宋帝，帝聞之，即封為真君大帝者也，並下聖旨各鄉建廟彤像以奉祀，百餘年。

據呂先生表示，當時廟內行政由僅有的一位「識字的同鄉」處理，可見當時云云值理之中，教育水平普遍不高；料想撰寫碑文時，均以同鄉父老口述為依歸，當中或有遺漏之處。

此外，據1970年《華僑日報》報道，供奉真君大帝之「拜官亭」落成開幕，青衣殷商王德仁演講時提到：

真君大帝乃宋朝人，姓吳，生長在福建，平生慈善好施，見義勇為，常協助朝廷剿平盜賤禍亂，甚為當局所器重和鄉民所敬仰，後來得道於海陸豐附屬地方，甲子鎮陵岡區，威靈顯赫，百姓深敬崇拜，宋朝皇帝逐封他為真君大帝。在六十年前，海陸豐人攜帶真君大帝香火到青衣島建廟供奉，由於十分靈顯，庇佑人口平安，故香火日盛。

當中「生長在福建……後來得道於海陸豐附屬地方，甲子鎮陵岡區。」[23]與1986年〈青衣真君廟碑文〉不同，惟這一個版本並不流行，故暫且紀錄在案。

另一通俗版本，則見於《維基百科》——雖然《維基百科》並不適用於學術文章，但時人欲知「真君大帝」，多依谷歌搜尋器，其〈靈昭真君〉條目，往往置於搜尋結果前

23　〈青衣島真君大帝廟重建華成開幕〉，《華僑日報》1970年12月30日。

列。[24]雖然如此，但其學術價值依然不高。

三・還原「真君大帝」本貌

　　由於真君廟的來歷業已失傳，只知由外地傳入，筆者考證其起源時歸納出以下關鍵資料：

1. 吳姓
2. 源於潮汕一帶
3. 真君（大帝）名號

　　依據《中國方志大集成》所收，清末民初編修之方志，又於廣東省內者，共有五十一冊。當中《潮州府志》[25]、《潮陽縣志》[26]、《海陽縣志》[27]、《南澳志》[28]、《增城縣

24　《維基百科》所載之「真君大帝」，最早見於2008年之〈真君廟〉條目。大致與〈青衣真君廟碑文〉相同——惟該條目誤解「本姓吳，性剛厚」之義，直指真君大帝名「吳剛厚」。至2011年上述條目另立成〈靈昭真君〉，內容依然相同；惟至2015年，條目被大幅修改，並詳細記載真君事蹟。該文聲稱來源於《蘇仙》，但以「蘇仙」命名之文獻，暫時只發現《太平廣記》之〈蘇仙公〉，惟該文紀錄漢朝之事，且與真君事蹟無關，料此為杜撰。此外，條目稱宋帝封其為「靈昭威顯佑境安民真君」，但按《宋會要》紀錄可見，有以「靈護」、「靈顯」、「靈應」，甚至「昭靈」賜額，惟獨沒有「靈昭」；有以「佑國」、「佑順」二字賜額，但未見「佑境」；當中更沒有「安民」二字。唯一有紀錄以「威顯」賜額。且《宋會要》所載的「賜額」慣例多僅二字，一組封號的情況在當時並不常見。

25　《中國地方志集成》編輯委員會編：《廣東府縣志輯24：潮州府志》(上海：上海書店出版社，2003年)，

26　《中國地方志集成》編輯委員會編：《廣東府縣志輯28：潮陽縣志》(上海：上海書店出版社，2003年)，頁104。

27　中國地方志集成》編輯委員會編：《廣東府縣志輯26：海陽縣志》(上海：上海書店出版社，2003年)，頁567。

28　《中國地方志集成》編輯委員會編：《廣東府縣志輯27：南澳志》(上海：上海書店出版社，2003年)，頁444。

志》[29]及《南海縣志》[30]均有相關資料,共六本。

表二:　清朝至民初年間廣東各方志搜索結果

書名/項目	主體	補充
潮州府志	真君廟	康熙:祠祀 真君廟,在西門內城邊北偏。
潮州府志	真君廟	乾隆:祀典 (潮陽縣)真君廟,專祀晉吳猛。其一在大街西,創自元大德五年,修於明洪武之末,後遷城北隅興讓坊。嘉靖二十五年丙午始建今所,萬曆二十四年丙申邑民重建。時邑令吳萬金夢神戒以勿傷百姓,捐金成之。丁酉廟成,有像自海外飄來,其靈異如此。又一在仙陂,曰「慈濟堂」,創於宋熙寧十年,蓋真君之靈隨在輒見,其濟物每有奇驗,都、里多祀之,如邑之東關、西關、貴山之東堡、西堡,俱立廟,鄉人祈禱歲時不絕。 山川 　(潮陽縣)仙陂水,出赤塗嶺,石佛之山,即吳真君搗藥處,合諸水會於下淋溪。
潮陽縣志	真君廟	一在仙陂鄉,額曰「慈濟堂」,創於宋熙寧十年,視他所尤古。(或云:公自晉時已神遊於邑之西鄉,往往託醫藥救人,所全活甚眾,或投餌水中,飲之疾愈。鄉人因號其地曰仙陂。又:公嘗過仙村故其村亦云。);一在東關(即半路亭);一在西關曰紫宵宮(邑人蕭與成書額,知縣李文藻有重修碑記);一在後溪大宮;一在後溪下宮(咸豐四年俱顯盪寇);他如貴山赤寮峽山和平所在皆有之,鄉人祈禱歲時不絕。

29　《中國地方志集成》編輯委員會編:《廣東府縣志輯5:增城縣志》(上海:上海書店出版社,2003年),頁478。

30　《中國地方志集成》編輯委員會編:《廣東府縣志輯30:南海縣志》(上海:上海書店出版社,2003年),頁189。

書名/項目	主體	補充
潮陽縣志	真君堂	後記 林子（大春）曰：余嘗讀《列仙傳》，得晉吳公遺事，見其能乘鹿沖虛，畫水渡海，以為辭誕妄。及考自吾潮祠公以來，至今殆近千歲。然公神所在，常以慈濟為心，民有疾病請禱者，輒見神瞰其室，投針立效；或扶鸞採藥，雖窮僻之鄉亦至，　至指取地中所有，發視之，果得奇劑，　其神異如此，豈其玄真未化，萬古猶存，故能高憑太虛，遐觀域外，獨顯其秘於蒼山碧海之間耶？按《祭法》「有功於民則祀之」，今姑無論神仙之說為誕妄，即潮人之所以仰庇於公者，　類多事實，非虛明矣。由此雖著在令典，血食百世可也。或云，公自晉時已神遊於邑之西鄉，往往托醫藥救人，所全活甚眾，　或投餌水中，飲之疾愈，鄉人因號其地曰仙陂，仙陂蓋緣公得名，至宋始創堂宇祀之，理或然也。又公嘗過其村，故其村亦云。
海陽縣志	真君廟	在西門城北隅（廟內修刻但云廟之由來，已久未詳始建）
南澳志	真君廟	在城東門內祀吳真君
增城縣志	真君廟	在下都石灘村社學石。
南海縣志	真君廟	一在佛山彩陽堂鋪大元巷；一在真明鋪白頭礄頭；一在大基鋪華康街

　　《澄海縣志》[31]所載「真君廟」實祀許真君。另據〈重修靈濟宮記〉記載：「（略）惟晉之許遜、吳猛二真人同授仙媼，術為最許顯於洪都。吳故祀於潮，凡民有疾病，禱者扶鸞、采藥，每每得奇劑，療之立效。」[32]

　　依據《中國方志大集成》所收、清末民初編修之方志，

31　《中國地方志集成》編輯委員會編：《廣東府縣志輯26：澄海縣志》(上海：上海書店出版社，2003年)，頁137。

32　《中國地方志集成》編輯委員會編：《廣東府縣志輯28：潮陽縣志》(上海：上海書店出版社，2003年)，頁434。

又於福建省內者共有四十冊，有《延平府志》[33]、《長汀縣志》[34]、《汀州府志》[35]、《詔安縣志》[36]、《連江縣志》[37]及《廈門市志》[38]，均有相關資料，共六本。

表三：清朝至民初年間福建各方志搜索結果

書名/項目	主體	補充
延平府志	真君廟	在（順昌縣）縣治東。
長汀縣志	吳真君廟	舊府治南照口後即慈濟閣舊址。民國二十七年夏，里人彭耀堃、戴銓卿、吳篔年等募款重修，並于廟後加建一棟。
汀州府志	真君廟	上杭縣在縣治東街，今改迎春亭。
詔安縣志	慈濟宮	在站前祀吳真人。
連江縣志	吳真君祠	一名天醫院在崇雲鋪登雲橋，橋舊有亭，相傳明季時洪水流有木像綸巾羽扇繫於橋址者，累日鄉人舁之見背書吳真君三字，遂奉而祀之。 神姓吳名猛，晉人，以孝聞，少通道法，兼精岐黃術，問病祈祥者如響。
廈門市志	「天后、吳真人合祀」場所，計有：萬壽宮、福壽宮、和鳳宮、鰲山宮、養元宮、養真宮、迎祥宮、靈惠宮、鳳山宮、南壽宮、西庵宮、洞源宮。	
	專「祀吳真人」場所，計有：壽山宮、賈龍宮。	

33　《中國地方志集成》編輯委員會編：《福建府縣志輯37：延平府志》(上海：上海書店出版社，2000年)，頁219至220。

34　《中國地方志集成》編輯委員會編：《福建府縣志輯35：長汀縣志》(上海：上海書店出版社，2000年)，頁511。

35　《中國地方志集成》編輯委員會編：《福建府縣志輯33：汀州府志》(上海：上海書店出版社，2000年)，頁183。

36　《中國地方志集成》編輯委員會編：《福建府縣志輯31：詔安縣志》(上海：上海書店出版社，2000年)，頁463。

37　《中國地方志集成》編輯委員會編：《福建府縣志輯15：連江縣志》(上海：上海書店出版社，2000年)，頁189。

38　中國地方志集成》編輯委員會編：《福建府縣志輯3：廈門市志》(上海：上海書店出版社，2000年)，頁103至104。

《順昌縣志》[39]及《明溪縣志》[40]所載「真君廟」[41]實祀許真君。

此外，筆者翻查《晉會要》[42]、《宋會要》[43]及《明會要》[44]。《晉會要》及《明會要》並未紀錄「吳姓」者受封「真君」。

而《宋會要》則有幾則符合關鍵字之紀錄：

表四：《宋會要》搜索結果

主體	補充
句曲真君祠	在建康府句容縣茅山元符觀。徽宗大觀元年閏十月修，大茅君盈加號太元妙道沖虛真君，中茅君固加號定籙至道沖靜真君，小茅君加號三官保命微妙沖惠真君，廟又加白鶴三茅真君廟。[45]
真武祠	解縣鹽池有真武靈應真君祠，宋徽宗大觀元年二月賜額「廣福」。[46]
靈應真君廟	靈應真君廟，在慶州。神宗熙寧八年十二月，詔大順城真武特加號。[47]

---

39 《中國地方志集成》編輯委員會編：《福建府縣志輯11：順昌縣志》(上海：上海書店出版社，2000年)，頁74。

40 《中國地方志集成》編輯委員會編：《福建府縣志輯38：明溪縣志》(上海：上海書店出版社，2000年)，頁105。

41 十五里大洋村：在南關樓上祀許仙真君。

42 林瑞翰、逯耀東：《晉會要》（臺北：允晨文化實業股份有限公司，2010年12月）。

43 劉琳等校點：《宋會要輯稿・第2冊》（上海：上海古籍出版社，2014年）。

44 龍文彬纂：《明會要》（不詳：廣雅書局，出版日期不詳）。

45 劉琳等校點：《宋會要輯稿・第2冊》（上海：上海古籍出版社，2014年），頁1014。

46 同上註，頁1015。

47 同上註，頁1108。

主體	補充
沖應二真君廟	神宗熙寧八年七月，詔崇仁縣上仙觀王、郭二真人，特加封號。 [48]
文清顯靈廣佑真君廟	廟在羅江縣羅璜山，顯靈廟廣佑貞君，嘉定十四年五月加封。 [49]

　　宋代的「建康府」、「解縣」、「慶州」、「崇仁縣」及「羅江縣」皆非於今日潮汕一帶，以至閩粵兩省之內。而當時得到官方認可的「真君廟」或「真君祠」所祀之主神，亦非吳姓。由上推論，晉、宋年間，恐怕「真君大帝」信仰並未出現官方系統之內。

　　綜上所述，可知：

　　1.真君廟為專祀晉代的吳猛；

　　2.清代潮陽縣之真君廟共有六處，較郡城為多；

　　3.潮陽縣兩所始建年代最早的真君廟，是仙陂的「慈濟堂」，建於北宋熙寧十年（1077年），其次是縣城大街西之真君廟，建於元大德五年（1301）；

　　4.林大春所言，除《列仙傳》外，真君事蹟皆得自民間傳聞，並無碑刻；

　　5.直至明代中後期，潮陽縣民間仍盛傳「吳真君搗藥濟眾」的故事，以至地名稱「仙陂」；

　　6.除了潮陽縣外，海陽、南澳、增城、南海等地亦有真君信仰。

　　筆者在2019年間，曾到訪潮汕各屬，現時在汕頭、惠來、潮陽、普寧等地仍有真君廟香火，當中記載的真君大帝事蹟不盡相同。此外，據陸豐市網站介紹：1992年9月陸豐真君廟重修後，「東海旅港同胞餘來等先生以香港清德堂名義送來一匾，額曰『恩被香江』，並將大帝香火請到香港青

48　同上註。

49　同上註。

衣建廟奉祀，也名真君廟。」[50]從歷史先後可見，香港唯一
一間真君廟最早於1958已有記錄，上述資料應有錯誤。

　　按筆者到訪香港青衣清德堂達摩祖師廟時，發現內裡亦
供奉真君大帝神像，但由於附近信義新村村民對廟宇具體歷
史所知不詳，因此可能的情況或許是：

　　1.達摩祖師廟眾將陸豐真
君廟香火請來；或
　　2.撰文者未有考證歷史先
後而誤傳。

四‧海外的「真君廟」

　　真君大帝信仰的足跡，亦
隨著海外移民的步伐而遠達東
南亞。

位於泰國曼谷真君爺街的南星戲院

　　在泰國曼谷，早期由潮人
建立的廟宇，便包括「真君大
帝廟」，約建於曼谷王朝五世
王時期（1868至1910年）。[51]
在二十世紀間，真君廟位於唐
人街內，坐落於石軍路南星巷
的「真君爺街」，可惜暫未發
現廟宇舊貌的照片。

　　據廟內題額稱，真君廟於

泰國曼谷真君廟正門.

50　馬毓英：〈陸城歷史古蹟—真君古廟〉，陸豐政協網，發布日
　　期：2017年1月19日，網址：http://www.lfszx.gov.cn/history/566.
　　html。

51　楊錫銘：《南洋潮人札記》，北京：中國華僑出版社，2016年3
　　月，頁91。

馬來西亞大山腳真君廟正門　　　　　　馬來西亞角頭真君廟正門.

1961年（民國五十年冬立）重修，現時位於一大廈的四樓（停車場一角）。據現時管理該廟超過四十年的陳姓廟祝稱，內裡供奉吳猛真君；但不少唐人街生活的老人家均不知道廟跡。

　　潮汕人氏亦將真君大帝的香火帶到馬來西亞的大山腳與角頭（位於檳城州之檳州島對面海，行政區屬於霹靂州內）。大山腳武拉必真君廟原址位於當地「塗連徑」山上，建廟於1889年（光緒二十四年），後經遷至山下武拉必新村內，重新建廟延傳，至今也有超過百年歷史。[52]

　　而大山腳真君廟的香火，再被角頭漁村鄉民引至當地。該米早於1905年便已奉祀「真君大帝」（當地稱為「吳爺」）和「拿督公」這兩位神靈。[53]根據廟內碑文可見，可考早於1916年（中華民國五年）興建，先後於1965年以及2014年重修。

　　有趣的是，據當地村民黃永財口述歷史資料：「大山腳真君大帝是一位姓吳的藥師，因贈醫施藥、恩澤蒼生而被封神位；而角頭真君大帝相傳南宋時期為一介草民道士，後因

52　連慧茵：《霹靂角頭漁村的歷史沿革及產業發展初探》，拉曼大學學士論文，2016年，頁33。

53　同上註。

護海有功被封神位。」[54]據角頭真君大帝網站可見，這個說
法實屬於採用《維基百科》條目所致。

五·真君大帝應為吳猛

　　得到官方認可的信仰，往往須經時間考驗，否則多流於
鄉民私諡；從現存文獻推論，青衣「真君大帝」便屬於「私
諡」層次，至少須到清末民初，方見於方志記載。而綜合方
志資料，本文推測青衣真君廟之主神，應為「吳猛」。

　　首先，「真君大帝」信仰由海陸豐人帶來香港，故本身
在廣東一帶，應最少有一定痕跡及信眾；而按「海陸豐」位
處閩粵之交，故擴大搜索範圍到廣東及福建兩省。從記錄可
見，凡祀「吳姓」之「真君」者，要不沒有詳錄，要不稱其
為「吳猛」。

　　據《晉書》記載：[55]

> 吳猛，豫章人也。少有孝行，夏日常手不驅
> 蚊，懼其去己而噬親也。年四十，邑人丁義始授
> 其神方。因還豫章，江波甚急，猛不假舟楫，以
> 白羽扇畫水而渡，觀者異之。庾亮為江州刺史，
> 嘗遇疾，聞猛神異，乃迎之，問己疾何如。猛辭
> 以算盡，請具棺服。旬日而死，形狀如生。未及
> 大斂，遂失其尸。識者以為亮不祥之徵。亮疾果
> 不起。

　　此外，宋代編纂的《太平廣記》輯錄《隋書》中，由南
北朝時雷次宗（386至448）撰於元嘉六年（430年）的《豫
章記》載：

54　同上註，頁34。

55　房玄齡等撰、楊家駱主編：《晉書·列傳第六十五·吳猛》（臺
　　北：鼎文書局，1980年），頁2482至2483。

永嘉末，豫章有大蛇。長十餘丈。斷道，經過者，蛇輒吸取之，吞噬已百數。道士吳猛與弟子殺蛇，猛曰：「此是蜀精，蛇死而蜀賊當平。」既而果杜弢滅也。出《豫章記》。

由上可見，在吳猛死後一段時間，流傳著相對真實的事蹟：

1.吳猛「少有孝行」，恣蚊飽血，此事後來編入《二十四孝》；

2.吳猛通諳道術，能於江上飛渡；

3.吳猛醫術聞名遐邇，引來庾亮遇疾時向其求助；

4.晉時修道之士不少，但吳猛卻能見於紀傳——後來名蓋吳猛之許遜當時仍未見紀傳；

5.吳猛曾斬大蛇。

按方志記載，「真君大帝」信仰廣布於廣東潮州的潮陽，而當地亦有史而來始創最久遠的廟堂分別建於北宋熙寧十年（1077年），及元大德五年（1301）兩間，直到明清兩代，當地依然流傳著「仙陂」傳說。因此，「真君大帝信仰」最早可追溯至潮汕一帶，應無懸念。

至於香港真君大帝的事蹟，借鑑近代史家顧頡剛提出之「古史層累說」，其中一點即為「時代愈後，傳說之中心人物越放越大」。[56]假設「真君大帝」即為「吳猛」，其原本之印象已十分模糊，且更「層累」新事蹟：吳猛本以醫術聞名，但在香港卻只遺下其為朝廷對抗海賊的記憶，當中或反映一些時代背景，但已與本來相差頗遠。

---

56 李正輝：〈顧頡剛「古史層累說」探研〉，《吉林省教育學院學報》第31卷第9期（2015年），頁138至140。

越南近現代民間教派研究學者：武內房司教授

阮清風
Nguyen Thanh Phong
越南胡志明市國家大學所屬安江大學越文系講師兼系主任

武內房司（Takeuchi Fusaji，1956-）教授是日本學習院大學（Gakushuin University）文學部教授，專長研究東洋近代史及中國民眾宗教而知名於學術界。余在越南念了大學，之後分別在台灣元智大學與國立成功大學攻讀碩士及博士學位，雖然一直以來沒有機會直接面受他的教誨，但是從2011年始與臺灣元智大學鍾雲鶯教授關心研究越南民

2013年武內房司教授在越南田調（游子安教授提供）

間教派起，就能通過武內教授的學術論著間接受到他的啟發。這使余對他研究深厚功夫非常敬佩，故而期待有機會向他求教。去年余在網路上搜尋資料，意外找到武內教授的電子信箱，因而傳訊向他問候，數天後收到回信。武內教授不僅對余有關越南明師道的拙文嘉勉，且還建議將來研究方向，使余從事研究自己家鄉宗教信仰更有動力。

越南是一個命運很特別的國家。它原本是東亞文化圈成員之一，封建時期（938-1945）如同日本、朝鮮、韓國、

台灣等地接受中華文化的影響，並採用漢字作為正式的書寫文字，十一世紀越南又創造喃字來記載自己國音。這兩種文字在將近一千年漫長歷史興沉替換，記載了很豐碩的越南文化、歷史、文學等方面的財產。可在近現代時期，亞洲各國淪為西方帝國殖民地的潮流之下，朝鮮、台灣因為被同文化圈的日本佔領，故而在文字政策沒有很大的改變。越南由於被法國殖民，為了隔斷中越的淵源密切關係，順利流入世界法國殖民地系統之中，故而決裂採用西方拉丁文字來記載越南語音，代替原有漢喃文字的地位，無形中造成越南文化的斷層現象。從此越南傳統的國學，包括漢學在內，已成為日益陌生的事物。更加上二十世紀越南愛國主義與社會主義的旗幟被高舉，人民被帶進抗法、抗日、抗美與內戰的連綿戰火之中，故而國學脈絡未能連接暢通，南北相差較大，似乎比整個東亞區域遲進了一段疏遠的距離。

十九世紀中葉，在亞洲國家被西方列強侵犯之同時，區域內的受難民眾東奔西跑、來往避難、互相影響，成為時代的一種普遍現象。因此從更宏觀的區域視野，來研究一種此時發生的區域性案例，會更能探討詳盡議題的來龍去脈。武內房司教授從此學術方法論出發，以東洋近代史為研究範圍，進而詳細探討具體案例，導致他研究成果不僅對中國民眾宗教研究有所貢獻，而且更能看透越南民間教派的許多隱秘面向，有助於越南境內學者研究自己民間宗教信仰，對中越近現代民間教派交流史具有很大的貢獻。

關心研究越南民間教派，武內房司教授不是日本的首位學者，之前曾有宇野公一郎（Uno Koichiro）教授早在1979年於日本《民族學研究》期刊發表一篇文章〈「寶山奇香」試探：ベトナム宗教運動研究〉[1]。宇野教授經考察越南近現代陸續產生的民間教派如寶山奇香教、四恩孝義教、高臺

1　宇野公一郎：〈「寶山奇香」試探：ベトナム宗教運動研究〉，《民族學研究》，第43卷4號，1979年3月。

教、和好教的社會歷史背景，發現其與當地山脈與森林地形
有密切的聯繫。這些山脈與森林系統如柬埔寨的樸哥山、越
南南方的七山、婆殿山等都被視為道士們修煉玄術的中心，
並是各民間教派孕育產生的聖地，甚至成為近現代宗教運動
的根據地，被後代信徒們相信是將來新建立的理想王國（千
年王國）的京師。阮朝嗣德帝執政期間（1847-1883），寶山
奇香教被段明誼（1807-1856）創立，並宣講下元末劫、龍華
三會、彌勒下生、仙佛降世、天地再造、明王出世、再創堯
舜盛世等信念，明顯鼓吹新皇帝與新王朝的來臨，威脅當時
阮朝的執政地位，難免被官方監控與鎮壓。至於1867年法國
佔領全部南圻六省後，寶山奇香教派的這套理念又影響到後
來產生的四恩孝義教及秘密結社（秘密幫會）的天地會，促
成南圻十九世紀末到二十世紀初的宗教運動與農民起義。宇
野教授基於觀察越南文化地理生態，探討越南歷史演變，並
仔細考究越方相關文獻，其中包括寶山奇香教歷代師徒的讖
緯詩偈，從此論述其教在越南的發展源流及其政治運動。可
言，他是第一位外國學者關心研究越南民間教派。

　　武內房司教授繼承宇野公一郎教授的研究成果，繼續探
究越南民間宗教信仰，除了關心挖掘寶山奇香教派之外，且
還矚目探討越南先天道支派的明師道（Đạo Minh Sư）。據
余搜尋結果，武內教授從2010年至2018年連續發表四篇有關
越南民間教派的文章，分別是〈中國民眾宗教的傳播及其在
越南的本土化──漢喃研究院所藏諸經卷簡介〉[2]、〈越南寶
山奇香與《五公經》──兼論近代中越民間宗教的交流〉[3]、
〈先天道からカオダイ教へ：ベトナムに根づく中国近代の

2　武內房司（著）、〔中〕劉葉華（譯）：〈中國民眾宗教的傳播
　　及其在越南的本土化──漢喃研究院所藏諸經卷簡介〉，《清史
　　研究》，2010年2月第1期，頁12-19。

3　武內房司：〈越南寶山奇香與《五公經》──兼論近代中越民間
　　宗教的交流〉，載於周育民（主編）：《中國秘密社會史論》，
　　（北京：商務印書館，2013）。

民眾宗教〉[4]、〈「寶山奇香」考──中國的千年王國論與越南南部的民間宗教〉[5]。從宏觀的東亞研究視野，又掌握中國民眾宗教的發展脈絡及其政治運動，武內教授將越南民間教派連串起來，發現許多重要的學術論題，突破了越南國內學者的研究實況。

　　越南近現代民間教派與秘密會社如寶山奇香教、四恩孝義教、天地會、陳翁教、明師道、五支明道、壇仙派、高臺教、明德儒教大道、和好教、椰子教等以來都被當時官方視為旁門左派，不如儒教與佛教皆獲歷代政府的公認與支持，因而民間教派總受順應社會潮流的民眾擁護，並隨著政治局面興衰不常。這些民間教派的歷史淵源幾乎都跟中國民眾宗教有所關聯，並與中國近現代歷史背景、宗教傳播、移民潮流、經籍流傳等方面都有密切勾勒。因而，沒掌握好明清民間教派發展歷史的學者，難以看破越南民間教派的發展脈絡特徵。由於明末清初以來中國移民團隊主要遷移到越南南部，故而中國民間教派亦主要影響到越南南方，對於北方影響不大。余大約十年來關心研究此議題，暫時綜合成三個流傳系統如附圖：

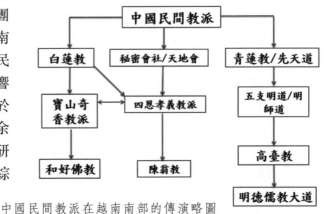

中國民間教派在越南南部的傳演略圖

4　武內房司：〈先天道からカオダイ教へ：ベトナムに根づく中國近代の民眾宗教〉，載於武內房司：《戰爭、災害與近代東亞各國的民眾宗教》，（東京：有志舍有限會社，2014），頁265-289。

5　武內房司（著）、孫江（譯）：〈「寶山奇香」考──中國的千年王國論與越南南部的民間宗教〉，載於曹新宇（主編）：《新史學》，第十卷：《激辯儒教：近世中國的宗教認同》（北京：中華書局，2018）。

　　研究本地民間教派的越南專家學者，由於欠缺對於中國民眾宗教的了解，雖然以來的論著相當豐富，但仍未能出現突破性的研究成果。以白蓮教與秘密會社兩系統而言，早期的重要學者與著作有王金《寶山奇香》[6]、王金與陶興《西安佛師傳略》[7]、阮文侯與阮友協《西安佛師詩偈》[8]、阮文侯《西安佛師讖緯》[9]、王金《末劫與龍華會》[10]、逸士與阮文侯《玄秘的七山區域》[11]、阮文侯《德故管陳文成及其浪靈罷疎起義》[12]、何新民《四恩孝義教派》[13]、阮文侯《認識和好佛教》[14]、善心《讖緯詩文全集註解》[15]、清士與王金《和好佛教研究》[16]、王金《道人行使》[17]、吳成柏《隨從教主登樸哥山》[18]等。這些論著在上世紀五十到七十年代於南越陸續面世，成為首批研究本地民間宗教的資料。雖然運用現代的研究理論與方法，但是由於資料的缺罕、尤其是中文的

6　王金（Vương Kim）：《寶山奇香》（西貢：龍華出版社，1966）。

7　王金（Vương Kim）、陶興（Đào Hưng）：《西安佛師傳略》（西貢：龍華出版社，1954）。

8　阮文侯（Nguyễn Văn Hầu）、阮友協（Nguyễn Hữu Hiệp）：《西安佛師詩偈》（出版地與出版社不詳，1974）。

9　阮文侯（Nguyễn Văn Hầu）（編註）：《西安佛師讖緯》（松山：松山寺出版，1973）。

10　王金（Vương Kim）：《末劫與龍華會》（西貢：新生出版社，1965）。

11　逸士（Dật Sĩ）、阮文侯（Nguyễn Văn Hầu）：《玄秘的七山地區》（西貢：慈心出版社，1972）。

12　阮文侯（Nguyễn Văn Hầu）：《德故管陳文成及其浪靈罷疎起義》（西貢：新生出版社，1965）。

13　何新民（Hà Tân Dân）：《「四恩孝義」教派》（不注明出版資訊，2003年版本）。

14　阮文侯（Nguyễn Văn Hầu）：《認識和好佛教》（蓮香出版，1968）。

15　善心（Thiện Tâm）：《讖緯詩文全集註解》（內部流行）。

16　清士（Thanh Sĩ）、王金（Vương Kim）：《和好佛教研究》（西貢：龍華出版社，1965）。

17　王金（Vương Kim）：《道人行使》（西貢：龍華出版社，1970）。

18　吳成柏（Ngô Thành Bá）：《隨從教主登樸哥山》（和好聖地出版，1972）。

參考文獻，故而未能超出國內範圍的限制。並且，這些論著皆由寶山奇香教與和好教的高徒們撰述，因而富於信徒崇尚讚譽的色彩，欠缺史料的詳細考察。更何況，這些民間教派與秘密會社，為了保密內部人物蹤跡，避免被法國殖民的襲擊，故而諸事實實虛虛、真假不明、多有爭議，實為後世研究者難以分辨的謎團。

　　1975年南北越統一後，又產生一批新的研究著作，重要學者與著作有山南《二十世紀初的南部：天地會與明新運動》[19]、丁文行《南部越人的「四恩孝義」教派（1867-1975）》[20]、李英勇《越南三教路徑》[21]、阮清進：《十九世紀末二十世紀初的南圻秘密會社》[22]、潘安〈道士：南部的一種有趣的宗教現象〉[23]、潘碧合《南部人與本土宗教（寶山奇香、高臺教、和好教）》[24]、鄧文俊《「四恩孝義」教派及其對今日越南南部「四恩孝義」信徒的影響》[25]等。這些論著從許多不同的視角，運用一些現當代的研究理論，將各宗教的文化信仰訊息告訴大眾。只不過越南戰後視角不夠開朗，關於宗教信仰的學術研究均離不開政治觀點所籠罩，現況的民間宗教面貌與原有的差距較大，使研究成果仍存有不

19　山南（Sơn Nam）：《二十世紀初的南部：天地會與明新運動》（西貢：浮沙出版社，1972）。

20　丁文幸（Đinh Văn Hạnh）：《南部越人的「四恩孝義」教派（1867-1975）》（胡志明市：年輕出版社，1999）。

21　李英勇（Lê Anh Dũng）：《越南三教路徑》（胡志明市，胡志明市出版社，1994）。

22　阮清進（Nguyễn Thanh Tiến）：《十九世紀末二十世紀初的南圻秘密會社》，胡志明市師範大學歷史碩士論文，2005年。

23　潘安（Phan An）：〈道士：南部的一種有趣的宗教現象〉，《古與今雜誌》，第349-350期，2010年2月。

24　潘碧合（Phan Bích Hợp）：《南部人與本土宗教（寶山奇香、高臺教、和好教）》（河內：宗教出版社，2007）。

25　鄧文俊（Đăng Văn Tuấn）：《「四恩孝義」教派及其對今日越南南部「四恩孝義」信徒的影響》（人文社會科學大學社會主義學碩士論文，2011年8月）。

夠踏實的狀況。

　　武內房司從兩個路線來研究中國的文化和歷史，第一路線是研究中國西南區域（四川、雲南、貴州、廣西）的歷史與族群的演變過程，尤其是觀察華人遷居各地的社會現象；第二路線是研究十八世紀至十九世紀中國民間宗教的發展與傳播歷史。清朝華人的遷居潮流，促使民間宗教傳遍中國，並傳遍東南亞各國，造成跨國界的各樣宗教信仰現象。武內教授由於追尋西南民間宗教的傳播脈絡，故而發現其與越南南部民間教派的密切關係。因此，這乃是他對越南民間教派研究的重大貢獻，具體表現在以下三個方面：

　　1、武內房司指出越南寶山奇香教派接受五公王佛信仰的影響。以來，越南學者都認為寶山奇香教派是越南土生土產的一種民間教派，是本地文化信仰的結晶，由本地人應時應地興建出來，甚至有學者認為是越南禪宗的新興宗門，而並不是外來傳入的教派。故而，以來眾說紛紜，主要依照民間傳說與信徒的口述，比較欠缺文獻的考察，因而未曾發現其與中國民間宗教的聯繫。他經考究寶山奇香教派的龍華會、三元說、彌勒下生、千年王國論等核心教義，並與美國越裔胡才慧心學者相參照，發現其與中國貴州燈花教有不少相似的思想理念，都吸收五公王佛信仰的影響。余基於武內教授的論點，參閱台灣學者柯毓賢有關五公王佛信仰的系列文章[26]，撰一篇〈越南寶山奇香教派對中國五公王佛信仰

26　柯毓賢從1983-1996連續發表六篇文章：〈《轉天圖經》考〉、〈「轉天圖經」續考：裴甫、董昌與亞覡道〉、〈西來庵事件之宗教信仰及其與《轉天圖經》之關係〉、〈五公菩薩源流與觀音信仰──以《轉天圖經》為中心之考察〉、〈南宋初年王法恩之亂及其與《轉天圖經》之關係〉、〈「明王」與「羅平王」──以「轉天圖經」為中心之考察〉、〈明王信仰之再考察〉，先後在台灣《食貨月刊》及《東方宗教研究》刊載。柯毓賢首先介紹五公王佛信仰的主要經典《轉天圖經》，接著探討該信仰歷史及內涵，最後舉例討論其在中國社會政治動亂的干預。

的容納現象〉[27]以肯定五公王佛信仰確實在許多方面影響到越南寶山奇香教派，包括：（1）該教運用五公符以治療救眾、（2）翻譯《五公經》成為其教喃文讖緯、（3）奉祀五張木牌爺（Năm Ông Thẻ）的習俗、（4）日常生活與祭祀神明的掠影等。

　　2、武內房司指出越南民間教派接受中國秘密會社的影響，促成當地秘密宗教團體，積極於抗法護國的宗教運動。越南南部民間教派的積極抗法護國，是以來越南學者都肯定，但是由於這些教派都活動在秘密狀態之中，教徒行蹤隱秘不明，引起眾說紛紜，缺少記載的文獻，故而有關這方面目前可靠的論述較少。武內教授揭示，寶山奇香教派勇於抵抗法國殖民並企圖復興封建王國，為了實現復國的懷抱，該教高徒逐漸與秘密會社首領相結盟，先後被殖民政府鎮壓解散，或者影響到後來創立的民間教派如四恩孝義教、和好教等。余基於屋內教授的研究成果，接著撰文討論〈越南南部十九世紀的「奸道士」現象〉[28]。文章內容聚焦於介紹受殖民政權追捕鎮壓的民間教派首領「奸道士」們，研探越南十九世紀下半葉各股護國安民的民間宗教運動潮流，特別呈現當時中越民間教派人士的聯盟起義。

　　3、武內房司另有關注研究越南先天道的明師道宗派。他花不少功夫進行考察越南漢喃研究院所藏的民間宗教經卷，，余後來調查之時多聽堂主們告訴他的苦功。武內教授將中國無生老母與越南瑤池金母信仰相聯結，並發現中國先天道經典從中國雲南傳播到越南北部的路徑，且探討彌勒信仰的經典在越南的傳演過程。除此之外，武內教授還進行多

27　阮清風（Nguyễn Thanh Phong）：〈越南寶山奇香教派對中國五公王佛信仰的容納現象〉，越南《宗教研究》，2018年第10期（總178期），頁110-130。

28　阮清風（Nguyễn Thanh Phong）：〈越南南部19世紀的「奸道士」現象〉，越南《宗教研究》，2019年第3期（總183期），頁54-74。

2012年武內房司教授與香港學者在越南展開田調（游子安教授提供）

　　次田調各地明師道的廟宇系統，余後來調查之時多聽堂主們告訴他搜集經卷的苦功。受到他研究論著的啟發，余三年前撰寫〈越南明師道廟宇系統及其社會貢獻〉[29]一文，論述該教在越南各地的廟宇分佈及其傳演過程，並揭示一百五十多年來明師道對越南社會各方面的貢獻。

　　　　總之，日本學者武內房司教授長久以來都被中外歷史學界聞名，他研究範圍相當廣泛，包括清朝政治社會、西南少數民族及其民眾宗教運動、以及東南亞華人民間宗教信仰。在他豐碩研究成果之中，本文僅聚焦於有關越南民間教派的學術貢獻部分，仍未能掌握他的所有學術成果。余相信他的相關論著將來能在越南被翻譯與介紹，使越南學界更為了解東亞文化背景上的學者們如何彼此關懷區域內的文化資產。

---

29 阮清風（Nguyễn Thanh Phong）：〈越南明師道廟宇系統及其社會貢獻〉，載於陳益源（主編）：《台灣寺廟文資保存與社會貢獻》（台北市：里仁書局，2018），頁475-520。

西營盤：從軍營到都市

蕭國健教授

珠海學院香港歷史文化研究中心主任

甲、前　言

西營盤區位香港島北岸西面海濱，初為一人跡稀疏之地，然自1842年英人開埠港島北岸後，自一臨時設置之軍營，歷百多年，遂發展為一人口稠密之商住地帶。

乙、開埠初期

1841年英軍於水坑口登陸，並於該處高地建立軍營，隨後於該處西面山麓，增建營房，名「西營房」WESTERN ENCAMPMENT。其時，該處之人口甚少，只有數戶，房舍亦甚簡陋。

1842年，因該處衛生惡劣，及其時醫療設備不足，軍營士兵多受瘧症所擾，加以颱風為患，士兵死亡甚眾，政府遂建荷理活道及大馬路（後稱皇后大道，即今皇后大道中），以便將軍營東遷，至今花園道一帶，其時，政府且將該處土地，公開賣與商人，建築店舖或貨倉。

1845年，該處已有商舖十九間，民舍三十五間，人口二百餘。[1]

1　P.91, CARL T. SMITH'S A SENSE OF HISTORY : STUDIES IN THE SOCIAL AND URBAN HISTORY OF HONG KONG, HONG KONG EDUCATIONAL PUBLISHING CO., H.K., 1995.

丙、埃德加（艾遮）平房 EDGAR'S BUNGALOW

1842年，艾遮JOSEPH　FROST　EDGAR於西角WEST POINT（意即西面高起之海角，今稱西環）上建一平房，名「艾遮平房」。1845年，因該處商業發展困難，故擬出售；惜該房屋距維多利亞城頗遠，未能即時賣掉。1852年，該平房與位於下首傑密森‧豪公司JAMIESON,　HOW AND　COMPANY之貨倉，同售與繆羅YORICK　JONES MURROW。[2]

1854年克里米亞之戰CRIMEAN　WAR爆發，駐港英軍調回歐陸，為恐俄國遠東艦隊南下襲港，港府遂議於港島招募軍士，加建炮台，以固防衛。其時，據傑芬中校LIEUTENANT　COLONEL　GRIFFIN所建議，於艾遮平房西北之花園內，置三十二磅炮十一門，並於其下濱海處，置八吋榴彈炮兩門，以加強北岸之西面防務。傑芬中校於是年尾離任，其防衛計劃由鄧笠中校LIEUTENANT　COLONEL FRANKLIN DUNLOP完成，並將該處闢為軍營。[3]

丁、西營盤平民醫院 CIVIL HOSPITAL

1857年中英戰爭爆發，於中國內地傳道之禮賢傳道會被迫回轉香港，建立傳道中心；該會遂購下該平房，作傳教用

2　歷史的覺醒：香港社會史論，頁250至251。施其樂著，宋鴻耀譯。香港教育圖書公司，1999年出版。艾遮，全名為約瑟‧福羅斯‧艾遮JOSEPH FROST EDGAR，亦有譯作埃德加，於1843年3月被接納為傑密森‧豪公司JAMIESON, HOW AND COMPANY之長期合夥人，1850年為香港立法局非官方成員。1855年港督包令組教育委員會，研究歐洲兒童問題，艾遮為該委員會八位成員之一。對香港早期教育發展，頗有幫助。

3　P.23-24, DENIS ROLLO'S THE GUNS AND GUNNERS OF HONG KONG, THE GUNNERS' ROLL OF HONG KONG ASSOCIATION, HONG KONG, 1991.

途。1859年，政府收回該物業，改作平民醫院。[4]

戊、西營盤區之發展

其時，因中國內地太平天國起義，居民多南遷香港地區避亂，故區內人口大增。政府遂發展西營盤地區；一條條街道沿山坡興築：自下而上為第一街、第二街、第三街，再上為高街；自山上而下者，位東面者有東邊街，西面為西邊街。第一街與第二街之間設有街市。該區遂成為一人口眾多之華人居住區。而沿海之商店，則以經營海味、藥村及雜貨為主，[5]至今仍之。

己、結　語

故老相傳，西營盤地區開埠前曾為海盜張保仔所盤據，區內建有營盤、堡壘及濠溝等，因其位港島之西，故稱「西營盤」。惜無文獻可考，亦無文物可證。

惟於1854年，英人曾以該處一平房並花園之地，闢作炮台，置放火炮，並於該地建軍營，稱WESTERN ENCAMPMENT，此「西營盤」一名之由來，較故老相傳合理。[6]

又據官方1857年檔案所示，「西營盤」於該年始被劃為維多利亞城七約之第一約SUB-DISTRICT NO.1，可見其時該區已開始發展。[7]

時至今日，該區已成為香港島北岸一華人商住地區。

4　同註2。1961年，贊育醫院遷建平民醫院舊址，今仍之。

5　同註1，P.89-90。

6　同註1，P.87-88。

7　1857年5月9日香港政府憲報。

遊走青山公路探尋百年醬園

楊　明

珠海學院中國文學系

　　出口美國的香港商品，從十一月九日開始原產地要改為「中國」。那麼所謂的「香港製造」一詞曾有怎樣的變化呢？品珍醬園第四代繼承人黎定顯在接受《香港01》訪問時表示如果抹去『香港製造』必然有影響，尤其是零售市場，餐廳和食品廠沒太大問題。針對零售範疇，業者計畫將標籤上生產地址放大調粗，讓人一眼看到產地是香港。但還有更大的問題是會不會加徵25%關稅？業者擔心拿走「香港製造」的標籤是第一步，徵收香港產品關稅是美國政府的第二步？此項措施在拜登當選美國總統後又會不會出現轉圜？在改標籤與加關稅間，後者影響更大。[1]

　　小時候，對於香港的印象有點複雜，既有時尚感，又有古惑仔，前者印象來自《姐妹》雜志，後者來自電影。然而更具體實在的記憶應該算是豉油雞。九七前，臺灣的港式燒臘餐廳的數量不算多，可是豉油雞、燒鴨、叉燒也已深入人心，一個親戚還學著做玫瑰豉油雞，每次去他家歡聚總能吃到。原來豉油就是醬油，而玫瑰是形容其鮮亮的色澤，為了增加風味，在其中添加了薑、蔥、酒、冰糖、麥芽糖和花椒、八角等香料。在臺灣，醬油就是醬油，香港又分生抽、老抽，後來發現還有頭抽，頭抽，指的是首次提煉出來的豉

1　整理自第238期《香港01》周報（2020年11月2日）《百年醬園：
　　豉油珍桶盛載香港故事》。

油，質量和鮮度都是最高。生抽通常是第二、三次提煉，釀浸時間較短，色澤較淡而味道較鹹，適合涼拌或醃製。老抽則在生抽中加入焦糖，色澤深且帶甜味，我童年記憶中的豉油雞用的就是老抽。浸熟的雞肉吃來香又嫩，相較於香港製造的流行服飾和影視劇，豉油雞是另一種吸引。

醬油在中國的歷史

醬油在中國的發展可以追溯到三千年前，《周禮·天官·膳夫》中記載當時天子的飲食包括飯、飲、膳、饈、珍、醬六大類，《周禮·天官·冢宰》中更細數「百醬八珍」，那時的醬油是由肉類醃製，將肉剁碎後經發酵得來的油，和現在魚露的製作方法類似，也就是「醢」。《詩經·大雅·行葦》中寫的：「醓醢以薦。」則是在製造醬油時還加入動物血液，稱為醓。以植物釀造醬油的時間要晚些，最早的文獻記載是在東漢，稱為「豆醬」或「豆醬清」，王充的《論衡》中提到「世諱作豆醬惡聞雷」，北魏的《齊民要術》中也有關於「豆醬清」的記載，《論衡》和《齊民要術》中的「豆醬」和「豆醬清」，應該是醬油的前身。而「醬油」一詞最早出現在南宋留下的著作中，如今被視爲古代飲食文化重要參考資料的《山家清供》中寫道用醬油、芝麻油炒春筍、魚、蝦；《吳氏中饋錄》中則提到用酒、醬油、芝麻油清蒸螃蟹。這些記載有助於我們瞭解宋朝的生活，也顯示醬油在宋朝作為調味品已經用於中菜烹調，清代袁枚的《隨園食單》裡，醬油更是扮演了重要的角色。鄰近中國的其他國家飲食也受到醬油的影響，唐朝時，東渡日本的鑒真和尚帶去了醬油釀造方法，日本文獻中最早使用醬油一詞的則是1474年的《文明本節用集》。醬油製作的方法還傳入朝鮮、越南、泰國、馬來西亞、菲律賓、印度、孟加拉等國。據說英國人殖民印度時將醬油帶回歐洲，才發展出「伍斯特郡味汁」，也就是後

來風行歐美的辣醬油。

　　一瓶售價不高的生抽，卻是經過曬豆、洗豆、種菌等需時兩個月的步驟，生曬發酵又要再加上幾個月，還要蒸煮消毒，做好至少花上半年功夫。時間長成本也就隨之提高，生曬製法漸漸被大規模的化學生產方法取代，傳統醬園除豉油外，還製作麵豉，師傅每天要以手翻動甕缸內的麵豉，使其均勻徹底的發酵。製作過程中有些步驟不能以機器取代，如煮豆、撈簣（黃豆加入麵粉、毛霉來發酵）、扑簣（把發酵後的黃豆打散），手做的味道和機器大量生產不同，要製作出一瓶好醬需要依賴師傅的經驗，依據溫度濕度材料的不同適時調整，會做麵食的人一定有相仿的經驗，和麵的過程牽涉到麵粉的質地，而麵糰的發酵又和不同地區的不同天氣有關。

香港的開發與醬園的遷徙

　　賣豉油的電視廣告都強調「天然生曬」，根據香港天文台的統計，從1981年到2010年，每年七月到十二月香港平均每月日照量都達172個小時以上，七月更高達212小時，全年累計日照量可達1835.6小時。我們去古洞的那日陽光熾烈，真是個適合「天然生曬」的天氣，臺灣演員李立群在內地拍過一支醬油電視廣告，強調曬足180天，而這曬的過程就需要付出相當的成本。尤其是在地狹人稠的香港，因城市高速發展，香港醬園一路遷往人烟較爲冷清的鄉郊，其中部份搬遷至古洞，聽說最興盛時曾有數十間醬園，形成一條醬油街，古洞的醬園因爲該區交通不便，屋宇少，空地多，得以保留醬油傳統製法——「天然生曬，自然發酵」。不過，隨着新界東北的發展計劃展開，當地逾半世紀歷史的老醬園也面臨前所未遇的生存困境。

　　我們尋至位在上水青山道古洞段的廣德隆醬園，擁有

百年歷史的青山公路是香港新界地區第二條落成的公路，
全長五十餘公里，分為二十二段，目前是全香港最長的行車
道路，從深水埗經葵涌、荃灣、屯門、元朗一直到新界東
的上水。如今走過這條路，發現也串聯起香港醬園的發展，
元朗和上水古洞依然可見傳統醬園，而這些醬園中又有原本
是在荃灣地區開設，因為需要較大的空地才遷往新界。好
比一九四五年創立的廣德隆，原在荃灣楊屋道設廠生產，六
十年代搬到古洞北，製作豉油外，還炒製蓮蓉豆沙。我們
去的那日在辦公室門口看見裝了黃色油亮濃稠物體的桶子，
一問之下就是蓮蓉，稍後將送往訂製的酒樓做點心。生長於
臺灣的我，對香港蓮蓉餡點心首先聯想到的不是蓮蓉包，而
是月餅，裝在顏色鮮艷鐵盒裏的榮華港式月餅，小時候電視
上還可以看到廣告，當時價格明顯高出臺灣的綠豆椪、太陽
餅。但是如今在廣德隆醬園看到蓮蓉，我其實有點訝異，感
覺蓮蓉和醬油完全沒有關係啊，要說有，就都是吃的。後來
才知，不只廣德隆做蓮蓉，八珍醬園也做。相對豉油，廣德
隆做蓮蓉豆沙只占業務的小宗，但是一樣下功夫，蓮蓉、豆
沙平時量少，中秋前訂量顯著增加，製作蓮蓉的蓮子來自湖

北，台灣也種植蓮花，白河的種植面積是全台最大，目前約300公頃，主要分布在大竹里、詔豐里、廣蓮里、昇安里、竹門里及汴頭里等處，但是市面上越南進口的新鮮蓮子，大陸進口的乾蓮子比本地所產價格便宜，逐漸佔據市場大宗，也使得台灣蓮農面臨競爭而縮減了蓮

圖一　　剛炒好的蓮蓉

田面積。香港天氣濕熱，為了維持蓮子新鮮，廣德隆存放材料的倉庫終日開冷氣，十幾年前中秋節做月餅，要用近九十噸蓮子炒製蓮蓉，但是如今只剩之前約一成的量。[2]

聽說師傅天未亮就開始煮蓮子，炒蓮蓉，如今等待送往酒樓的蓮蓉，放置在桶裏表面一片平滑，如蜜般沉靜，我想起月餅在口中的甜郁，蘊含對於團圓的祝福與期待，桶裡的蓮子來自湖北，今夏湖北卻連番大雨，新聞報導稱：「長江今年第一號洪水上周二進入三峽水庫，當日更出現每秒五點三萬立方米的水流速度，經三峽攔截後，水流速度削減百分之三十四。長江水利委員會前日表示，長江中下游、洞庭湖、鄱陽湖水位已超歷史高度，約比同期增加零點八米至二點三米，並在持續上漲。」吃的人往往只知好不好味，卻不知滋味中藏的辛苦。

在香港吃盅頭飯，店家總會問落不落豉油？本地朋友告訴我每家都有自己的豉油味，一方面和店家買的豉油有關，以此為基礎還會再在其中增加自己的調味。原來簡單一句落不落豉油，背後也有不小的學問，難怪還在報上看過餐廳廣告標明煲仔飯采用古法頭抽提鮮，而我在臺灣時，對於香港的醬油最先知道的是李錦記，來香港玩時並在灣仔看到懸掛李錦記招牌的大樓，李錦記各式調味料屬大量生產，生產廠房早已遷往內地，古洞留有的李錦記醬油廠主要做的是入樽包裝等後期工序。

老店的味道逐漸消失

我們在廣德隆院裏拍照，廣場上一隻隻醬缸整齊排開，醬香味彌漫在空氣中，夏至已過，正是適合曬豉油的時節，醬園裏的人說起釀醬油的種種工序時自信滿滿，面對接下來

2　廣德隆蓮蓉製作整理自黃美云：[古洞醬油廠秘製蓮蓉　88歲掌舵人情繫豉油], https://www.hk01.com.

圖二　　擺滿醬缸的廣德隆醬園

的發展卻顯得有些無奈，因為開發計劃面臨土地徵收問題，傳統工藝的生存再度面對挑戰。

我們續往附近的悅和醬園，荃灣街市街上有悅和的門市，除了各種豉油，還有醋，香港人生孩子要煮薑醋，就會到醬園買甜醋，悅和醬園出產一款添丁甜醋，在釀造醋中配以不同藥材製成，用來煲豬腳是傳統產後補身食品。薑醋中除了薑，主要有豬腳、鷄蛋，說是薑醋，但是吃起來最明顯的味道卻是甜，多年前彌敦道新樂飯店的豬腳薑曾獲獎，我還特別去吃過，煲煮後的豬腳軟糯，蛋也味美，可惜今年夏天逾六十年歷史的新樂結束營業了，這座城的變化比想象中更大，疫情是不是主要原因，還有待探討，同一個夏天，臺北歷史悠久的高記和銀翼也和新樂一樣決定停業，讓許多老客人不捨，還好後來能再恢復營業，讓記憶中的味道繼續留存。

新樂、高記和銀翼的師傅想來也都有他們自己挑選調味料的標準，聽說釀造醬油的過程早晚溫差不宜大，所以釀製醬油時中國的南北方略有不同，北方地區氣溫低，適合固態發酵，好比以黃豆為原料的黃豆醬，以及以小麥粉為原料的甜麵醬，北方人做醬肉、炸醬，沾黃瓜使用調味的醬料就是黃豆醬和甜麵醬。而南方地區氣溫高，製作醬油更適合液態發酵，香港夏季氣溫達三十多度，正適合生曬做醬，豉油曬得通透，一連曬上四個月，秋天收成剛好。

悅和醬園園中部份甕缸有七十年歷史，一九四五年龐堯創立悅和醬園，他是佛山人，曬場最初設在荃灣德士古道，

六十年代遷往古洞，工場佔地三萬平方呎，是現時古洞北規模最大的醬油廠之一，專釀製豉油、蒸釀酒醋、製作麵豉醬料等。早年不但是五星級酒店和高級餐廳的指定供應商，還曾和兩大連鎖快餐店

圖三　悅和醬園年產醬油三百萬公升

合作逾二十五年，所以不論你是否特別留意過醬油品牌，只要是曾在香港街頭品味燒臘嘗小吃，酒樓赴宴茶樓飲茶，都可能嘗過這道地的香港製造滋味。過去悅和醬園是不予開放參觀的，但是政府宣佈發展新界東北計劃之後，為了讓更多人能夠理解其不拆遷的願望，才推出了導賞團參觀醬園，希望有關單位能重視保存傳統產業，并且考慮若是繼續新界東北現有的發展計畫，將使這塊區域的地貌發生翻天覆地的改變。

　　同樣位在古洞的鉅利醬園，最初在土瓜灣起家，已有近八十年歷史，原本經營的是雜貨糧油生意，四十年代後期，在九龍城開起醬園，製作的麵豉最有名，五十年前因啟德機場發展所需搬遷至古洞北。原以為有了安身立命之處，沒想到辛苦經營半世紀，新界東北的發展計畫使得危機再現，鉅利醬園面臨第二度失去根據地的窘境。古洞地方大，適合生曬醬油，如果沒法繼續在古洞待下去，寸土寸金的香港哪裏還能找到幾萬呎的空地供醬園設廠？另一家位在青山公路古洞段的調源醬油糖薑食品廠，據說鏞記老闆甘健成生前經常讚揚其豉油味佳。調源醬油是最早搬入古洞北的醬油廠之一，歷史超過七十年，以生產甜醋、糖漿和糖薑聞名，調源的創辦人呂佳原在葵涌做醬園，後來在古洞買地設廠，門市

設在深水埗北河街，曾經看到報導稱第二代老闆無意打理家族生意，改由老員工接棒。不禁聯想起臺中的太陽堂餅店，出生於臺中，自由路上好幾家賣太陽餅的鋪子，但是臺中人都知道真正的老店店內牆上有顏水龍的向日葵畫作，店開了數十年，第二代也已年邁，同樣後來由店內員工在同一條路上繼續做著太陽餅。

走訪古洞之前，我聽說古洞過去種植菸葉，暗自揣想或許還能看到碩大碧綠的菸葉，沿路卻未能發現，台灣南端的美濃，多年前也是菸葉產地，種植的菸葉由菸酒公賣局收購，台灣菸酒廢除公賣制度後，連帶影響當地菸農生計，如今改種水蓮可謂轉型成功，原本的野菜如今超市常見，且更符合現代人對健康的追求。

元朗醬業百年足跡

香港除了古洞，元朗也可見到百年歷史的醬園，前文在接受採訪時提及美國新措施對香港醬園外銷影響的黎定顯，他的曾祖父一八九八年在港島中環開創品珍，隨後在九龍城設立醬園，一九六一年遷往元朗洪水橋，有一百二十多年歷史。從青山公路洪水橋段轉進丹桂村，在路的右邊有幾間關閉了的商鋪，左邊有五金建材廠和學校，繼續往左拐沿坡道上行，已經可以聞到醬香味，偌大的品珍醬園裡有甕缸和各式生產設備，旁邊則是這幾年丹桂村出現的地產新開發住宅，村內樣貌新舊迥異，小路兩邊一邊是傳統醬園，一邊是牆內修竹掩映的雅緻樓房，曾聽人說元朗丹桂村取名「丹桂」不是因為當地種有丹桂樹，而是意謂「一片丹心向桂系」，也就是桂系人馬曾在此開發停駐過，如今痕跡難覓，就連八十餘年前當地富商在此建立的灼園，也只剩下寫著「灼簾竹氣靜，園榻菊香濃」的園門。

一九二八年創辦的冠珍醬園，產品包括豉油、海鮮醬、

圖四　圖五　　　位於元朗丹桂村的品珍醬園

辣椒醬等，過去冠珍的產品九成為外銷，1950年韓戰爆發，中國是北韓的盟友，在美國與聯合國的推動下，其他國家對中國實施禁運，禁運使香港的建築業、房地產業、織造業、運輸業、五金業、倉庫業、銀行業、橡膠業、洋行業等都遭受嚴重打擊。[3]那時唐人街可以買到的冠珍醬料撫慰了海外華人的對家鄉味的思念，冠珍最早是從九龍城東頭村起家，同期還有同珍、美珍（即九龍醬園）等「珍」字輩品牌。二戰時期醬園被日軍徵收用作擴建啟德機場，冠珍轉往九龍城附近的打鐵街繼續營業，戰後香港政府發展九龍城，冠珍於是在1967年將工廠遷至元朗凹頭。由於冠珍過去以外銷為主，香港人反而對這個品牌不熟悉，冠珍第四代傳人陳天佑希望更多香港人認識自家產品，八十年代曾在上環設有門市，後來因故結束，就沒再設零售點。隨著健康意識抬頭，愈來愈多人重視食物安全，冠珍開始打出香港製造在市場上建立品牌形象。除了在超級市場上架，二零一八年五月還在元朗三聯書店設置期間限定店，以文藝為主題，售賣醬油產品，和台灣的傳統醬油產業相似，企圖結合文創的概念吸引更多消費者。原本的設計容量大，對小家庭來說不適合，食用期也

3　陳昕，郭志坤：《香港全記錄》，上海：上海人民出版社，1997，第一卷，P286-P287。

太長，所以改產較小容量，設計也走向時尚，不過蠔油包裝則故意走懷舊風，形成不一樣的印象。雖然部分產品有新外觀，原有的包裝也繼續生產，因為有些消費者是靠包裝認產品，未必記得品牌。為了讓更多人認識冠珍，特意與飲食專欄作家合作，設計製作食譜，提供綫上示範視頻，配以中英文字幕，網絡傳播無遠弗屆，讓非華裔美食愛好者也可以嘗試豉油鹹鮮美味。

前文述及的「香港製造」醬油都是屬於廣東風味，「香港製造」的還有閩式醬油，頤和園的「御品醬油」據說是香港最貴的醬油，創始人曾吳希君年輕時在福建讀生物化學，五十年代移居香港，醬園位在元朗崇山新村。曾吳希君在接受訪問時曾指出釀造翁仔清要成年才可以入樽，而且6斤黃豆只能做得1斤翁仔清。「翁仔清」指的便是福建豉油，由她前段談話可知翁仔清的製作既費料還費工，原本是貢品的翁仔清，後來流入民間所以有御品之稱。頤和園釀造醬油的原料混合了加拿大和大連兩地的黃豆，釀造用水則是純凈的井水，消毒過程完整確實，不添加防腐劑，室溫也可以擱置數年不變質。醬油品質要好，『做麴』很重要，菌種需要和環境配合，麴靚發酵的效果自然好，釀造的醬油品質也就好。曾吳希君曾在一間豉油廠擔任研究員，研究發展翁仔清的製作方法，但未被老闆採用，一九七四年她鼓起勇氣拿出所有積蓄創辦頤和園，最初和冠珍一樣外銷歐美等國，近年才開始拓展香港市場。[4]

台灣醬油產業結合文創觀光

台灣的醬油製造則是隨著鄭成功一起傳入的，以黑豆為主要原料釀製而成，日據時期，日本人又引入機器生產醬油

4　整理自蘋果日報財經版，頤和園醬油貴在MadeinHK，2011.07.06。

技術，為台灣醬油產業帶來影響[5]，醬油開始大量生產。根據曾敬淳（2003）研究指出，目前台灣的醬油產業以五大廠商：統萬（統一和龜甲萬）、萬家香、味全、金蘭、味王為主，佔台灣醬油市場銷售量80%以上[6]，在產業轉型的過程中各家廠商結合文創概念，開始設立醬油觀光工廠或博物館，包含金蘭、丸莊和大同醬油，透過消費者的參觀行程介紹其歷史和醬油的製造過程，消費者還可以親身體驗如何製造醬油，丸莊醬油更進一步與西螺的觀光結合，加入雲林縣政府推動的觀光休閒產業企業聯盟，每年舉辦的西螺大橋觀光文化節也將丸莊醬油觀光工廠列入參訪的地點 。[7]

　　除了丸莊，西螺還有瑞春醬油，占地六千坪的瑞春有全台最大的甕場，2000多個陶土古甕裏裝的就是正在曝曬的醬油。清代王士雄《隨息居飲食譜》中提到，製作醬油以深秋最適合，「豆醬日曬三伏，晴則夜露，深秋第一篘者勝，名秋油，即母油。調和食物，葷素皆宜。」讓製作醬油的材料接受充足的日曬，促進發酵，從而產生獨特的香氣和鹹鮮滋味，如袁枚在《隨園食單》中所說：「調劑之法，相物而施，有專用清醬而不用鹽糖者，鹹淡必適其中，不可絲毫加減；審問、慎思、明辨，為學之方也。於是味，何獨不然？」

　　醬油自從被製作出來后，數千年來一直在中國飲食中扮演不可或缺的角色，就連十九世紀在廣州和上海出現西的餐廳，爲了迎合中國人的口味，也在西餐的烹調裏加入醬油，1860年於廣州太平沙開設的太平館是廣州最早出現的西餐廳，開創了所謂「豉油西餐」，後來太平館由廣州搬到香港，至今在港仍有分店。

5　台灣本土食品產業的再造與發展策略：以丸莊食品公司為例，王儷珍，碩士論文，國立臺灣大學商學組EMBA。

6　曾敬淳（2003）：創造傳統——以西螺醬油為例，國立雲林科技大學文化資產維護研究所碩士論文。

7　國立雲林科技大學詔安客家文化研究永續與傳承計畫，黃世輝、張怡棻、蔡宜佳，100年度行政院客家委員會補助大學校院發展客家學術機構研究成果。

　　醬油是日常飲食的調味料，北方人吃餃子，南方人吃蘿蔔糕，都會沾醬油，因為尋常，更見影響廣泛。隨著中美在香港議題上的對峙進一步升級，要求香港製造產品銷往美國時需標註「中國製造（Made in China）」，我想起夏日烈烈陽光下的甕缸，新界多家標榜「香港製造」醬園的生存難題，更多是來自土地開發，當香港蓋起愈來愈多的屋邨和商場，也意味著失去另一部份珍貴的資產，有些東西一旦消失，就難再現，其中滋味，言語難以盡述，文字無法複製。也斯有一首詩，以〈白粥〉為題：「皮蛋瘦肉舒緩上升的虛火／柴魚花生總結稻米浪蕩的良宵／小艇搖櫓呻吟或是塘畔風月／只剩下黎明的魚眼呼喚你的靈魂／腐竹白果皮蛋豬骨鯪魚肉／突出了自己也逐步融化自己／你我在熱湯中浮沉／有人炫耀鮑魚瑤柱的極品 ／ 且細嘗一碗平淡白粥裡的眾生」，白粥因其滋味平淡，遂可早可晚可日常簡約可山珍海味，豉油則因滋味鹹鮮，同樣可早可晚可日常簡約可山珍海味，乍看不同，其間相通，是中菜的智慧，也是文化的積累。

延伸閱讀

　　陳達叟（宋）：《蔬食譜　山家清供　食憲鴻秘》，杭州：浙江人民美術出版社，2016.

　　袁枚（清），陳偉明編著：《隨園食單》，北京：中華書局，2010.

　　常常生活文創編輯部：《台灣醬油誌》，台北：常常生活文創出版社，2016.

　　鄭寶鴻：《香港華洋行業百年—飲食與娛樂篇》，香港：商務印書館，2016.

　　林準祥：《黑白以外：五六十年代香港彩色快拍》，香港：中華書局，2019.

　　許芷盈：《重見‧重建》，香港：三聯書店，2008.

疫情下戲棚文化變異：
長洲北帝誕神功戲

蔡啟光

《香港戲棚文化》 編撰人

在2020年，因應新型冠狀病毒疫情，香港政府實施「限聚令」等防疫措施，使戲棚文化產生變異，當中長洲北帝誕神功戲，尤為顯著。

北帝廟（玉虛宮）是長洲的主廟，每年農曆三月初三北帝誕，都在廟前搭建戲棚上演神功戲，作為賀誕活動。過往數年都是搭建中型「封閉式」戲棚，內有大約 600 個座位，並聘用粵劇戲班，上演五夜四日九本戲。在 2020 年，為防控疫情，這台神功戲改用小型「開放式」戲棚，採取入場防疫措施，拉開棚內座椅距離，甚至出現沒有觀眾席的尾戲。

圖1-2

2019年「封閉式」戲棚

圖3-4

2020年「開放式」戲棚

圖5　　棚戲海報

長洲鄉事委員會是北帝誕神功戲的值理會，負責人在北帝廟掟杯請示，結果得到勝杯，即北帝意旨搭棚做戲。為防範疫情，值理會決定改用小型「開放式」戲棚，但仍公演五夜四日九本戲（神功粵劇）。本人在其中兩天演期，實地考察，記述如下：

庚子年三月初三（2020年3月26日）

所謂「開放式」戲棚，即觀眾席外圍不用鋅鐵片遮住，以加強空氣流通，減低感染病毒風險。

觀眾席只設一個出入口，嚴格管制人流。觀眾入場需要量度體溫，體溫過高超標則不准入場。觀眾入場前，需用消毒液搓手。觀眾要戴口罩，在棚內嚴禁飲食。

戲棚內的擺位更有特別安排：把座位隔開，沒有連坐，拉開觀眾之間的距離，並用膠索綁住椅腳於竹桿，以固定每張座椅位置，不會移歪。

戲棚內只得 7 行座位，每行左邊5位、右邊 5 位，共 70 位。（比去年600位，大幅減少。）嚴格控制入場人數，坐滿即止。棚內坐滿後，在側

圖6　　觀眾入場需要量度體溫並用消毒液搓手

戲棚內摺椅拉開社交距離；椅腳綁住
竹桿固定間距。

圖8　　戲棚兩側沒用鋅鐵皮圍封，以利空氣
流通。棚內坐滿，在外圍加開摺椅。

邊外圍加開摺椅；觀眾在外圍看戲，仿似昔日「打戲釘」情
景。

　　　從今次個案，可見戲棚搭建的靈活，能應付不同情況。
戲棚可搭大亦可搭小，可搭高亦可搭低；觀眾席周邊，可用
鋅鐵皮圍封，亦可全面開放。而棚內使用摺椅，可隨時增減
座位數目；今次擺法更可拉開社交距離，達到防疫效果。

庚子年三月初五（2020年3月28日）

　　　為遏制第二波疫情，政府最新防疫規定在當天下午六時
生效，包括閉關公眾娛樂場所 14 天。戲棚在政府球場上搭
建，部門遂擺放鐵馬圍封關閉球場。因此，當天日戲在下午
散場後，值理會工作人員要撤走觀眾席，剒開椅腳綁住竹桿
的膠索，收起全部摺椅。

　　　劇團向值理會爭取，堅持要演夜場，即這台的尾戲，
寓意「好頭好尾」，以符北帝意旨，保境平安。為減低台上
棚面群聚，掌板及擊樂師移到台下，面向台上演員領奏。演
員在台上，就對着神棚內神祇演出；棚內並無觀眾。尾戲完
成後，值理會人員把北帝行像，捧回北帝廟內，放回在神柺

圖9及圖10　　　日戲散場後，工作人員剝開椅腳綁住竹桿的膠索，
　　　　　　　　收起全部摺椅，撤走觀眾席。

圖11　球場被鐵馬圍封；戲棚內沒有觀眾　　圖12　　　神棚內供奉北帝行像
　　　席，台上演員對着神棚內神祇演出。

圖13　部分樂師（掌板及擊
　　　樂）從台上移至台
　　　下，以減低棚面群
　　　聚。

上，功德圓滿。

　　這次疫情下的特殊情況，造就了一個沒有觀眾席的戲棚、一場只對着神祇演出的純粹神功戲！

附 言

　　長洲北帝誕這台是庚子年香港最後一台神功戲。之後，疫情未退，政府一直實施「限聚令」，故賀誕以至年底打醮，所有神功粵劇（即棚戲）都取消。至於神功潮劇、白字戲，更因防疫封關，入境強制隔離 14 天，以致境外劇團根本不能來港演出。

香港歷史文化研究中心
2019年9月-2020年8月活動報告

甲. 2019- 20年講座系列

（一）與香港歷史博物館合辦香港歷史文化講座系列

主題：〈香港史探研〉

　　1. 7/9/2019　丁新豹　〈兩次大戰之間的香港：1919-1941〉

　　2. 14/9/2019　鄺智文　〈1944-1945年英美情報機關在香港和兩廣地區的競爭〉

　　3. 21/9/2019　游子安　〈戰前香港道堂的慈善救濟〉

　　4. 28/9/2019　潘淑華　〈動物雙城記：戰前香港與上海的動物保護運動〉

　　5. 30/11/2019　馬冠堯　〈一地兩制：戰前香港華人與法院〉

鄺智文博士講座：〈1944-1945年英美情報機關在香港和兩廣地區的競爭〉

（二）「族群移居與香港非物質文化遺產」講座系列2020年

　　珠海學院香港歷史文化研究中心與非物質文化遺產辦事處合辦、香港歷史博物館協辦

主題：非遺傳承 ── 族群移居與香港非物質文化遺產

　　1. 4/7/2020　蕭國健：族群移居與香港「非遺」

　　2. 11/7/2020　危丁明：香港客籍人士神明信俗──以譚

公、三山國王為例

3. 17/10/2020 陳德好：香港漁民水面醮的現狀和傳承

4. 24/10/2020 黃競聰：嘆之以情：香港岸上漁歌傳承與創新

　　　　　示範：黎帶金女士、伍綺琪女士

5. 31/10/2020 游子安：香港潮籍神誕民俗——以天公誕

　　　　　及天后誕為例

乙、2019- 20年專題講座

（一）專題講座：香港呂祖壇堂之傳承與開創

日期：11.9.2019

講者：游子安教授

地點：雲鶴山房

（二）專題講座：歷代移民與香港社會發展

日期：18.9.2019

講者：蕭國健教授

地點：中華書局油麻地分局

「族群移居與香港非物質
文化遺產」講座系列海報

游子安教授講座：〈香港
呂祖壇堂之傳承與開創〉

蕭國健教授專題講座：荔枝窩與慶春

蕭國健教授專題講座：
鄧氏與錦田吉慶圍歷史
與文化

蕭國健教授〈港島西
區歷史古蹟考察〉

（三）專題講座：鄧氏與錦田吉慶圍歷史與文化

日期：13.10.2019

講者：蕭國健教授

地點：嗇色園黃大仙祠鳳鳴樓禮堂

（四）專題講座：荔枝窩與慶春約

日期：23.11.2019

講者：蕭國健教授

地點：香港文物探知館演講廳

（五）專題講座：港澳地區道堂、善堂之關帝信仰

日期：30.11.2019

講者：游子安教授

地點：澳門道教協會

（六）專題講座：宋代九龍城地區之歷史與古蹟文物

日期：14.12.2019

講者：蕭國健教授

地點：香港文物探知館演講廳

丙、文化考察活動

3/11/2019　蕭國健教授、與香港歷史博物館合辦〈港島西區歷史古蹟考察〉

丁、出版刊物

蕭國健、游子安主編《鑪峰古今——香港歷史文化論集2019》，2020年12月。

編後語

　　本書是《鑪峰古今——香港歷史文化論集》系列的第八部。收進專題論文、學人研究、考察隨筆及田野記錄共15篇文章。論集涵蓋的題材既廣且深，有三項特點：首先，文章以香港歷史文化為主，惟不以香港史為限。近年《鑪峰古今》已有文章論述從華南到南洋的齋姑與先天道；廣東道觀與香港歷史之因緣；以及南洋研究方面的學人傳略等，開展香港溯源華南，並從華南到南洋範圍的探討。今期文章既有論述越南明鄉人、中越民間宗教研究之學人介紹，也有略及東南亞真君大帝信仰。第二項特點是文章資料徵引和研究方法多樣，包括地方史志、族譜、對聯、報紙、乩文、老照片、訪問等文獻與文物紛呈。另一項特點，文稿著重實地調研，包括祠廟、戲棚、醬園等，並以社區變遷為切入點，今期文章即涉及西營盤、荃灣葵青區之地區史。

　　近刊《鑪峰古今》銳意開拓從華南到南洋方面的學人研究，及田野記錄類欄目，特別約稿2篇。因應〈越南明鄉人〉一文，特邀越南學者撰文回顧有關越南研究成果。又，古洞將成「新界東北新發展區」，因而邀請同事往考察，撰文談香港原味道之醬園，意味一份珍貴的文化資產面對存續的難題。途中所見，「古洞村公所」由羅香林教授題書，田野考察之樂趣亦在於此。

　　《鑪峰古今——香港歷史文化論集》每年結集一部，園地開放，歡迎投稿，以推動更多朋友探索本地史與華南社會文化的興趣。

游子安

珠海學院香港歷史文化研究中心副主任

2020年12月1日